KB173296

독자들은 임지선 기자에게 고마움을 느껴야 한다. '힐링'이나 '치유'라는 장밋빛 담론으로 우리가 사치를 부릴 때, 우리의 미래는 소리 없는 비명을 지르며 죽어가고 있었다. 소리 없는 비명만큼 애달프고 가슴 아리는 절규가 또 있을까. 하나의 의무로서 우리는 이 책을 읽어야만 한다. 비수처럼 가슴을 파고들어 지울 수 없는 상처가 남을 때까지, 그래서 거의 질식하고 있는 사회적 감수성이 간신히 깨어나, 마침내 '분노'라는 정치적 감정으로 승화될 때까지. _철학자 **강신주**

오늘 한국의 청춘들이 유럽 아이들처럼 사회 교육을 받고 자라지 않은 걸 다행스러워 하자. 그랬다면 이미 폭동이 나고도 남았을 테니. 기성세대가 그들에게 만들어준 기막힌 현실을 생각할 때, '아프니까 청춘'이라느니 '긍정적 사고를 가지라'느니 따위의 말을 늘어놓으며 멘토니 유명인사니 행세하는 사람들은 또 뭔가. 우습고 기괴한 세상을 살아내는 청년들의 분투기. _칼럼니스트 **김규항**

책을 읽다가 몇 번을 닫고 다시 펼쳐야 했다. 눈물이 뚝뚝 떨어졌다. 그래도 또다시 읽을 수밖에 없었던 건 '아프니까 청춘'이라는 말만으로는 위로받을 수 없는 이 시대의 청춘들이 힘겹게 구조요청을 하고 있었기 때문이다. 자신을 죽음으로 내몰기도 하고 누군가를 죽이기도 했던 오늘날의 청춘들. 그들의 요청에 답을 해야 할 때다. 더불어 사는 삶을 생각하는 사람들에게 꼭 읽으라고 권하고 싶다. 정말 좋은 책이다. _영화감독 **김조광수**

이 책은 마치 청춘을 놓고 벌어지는 수많은 담론들에 대해 '쉿! 조용'이라고 속삭이는 듯하다. 그렇게 생긴 정적의 공간에 자신이 목격한 청춘들의 일상을 날것 그대로 담담히 서술해나간다. 아마 이 책을 읽으면 '아프니까 청춘이다'라는 말은 물론, 파이팅을 외치거나 심지어 위로의 말을 건네기도 쉽지 않을 것 같다. 맞다. 애초에 말로 해결할 문제가 아니었던 것이다. _피디 **김진혁**

몇 년 전부터 청춘들에게 주문이 많다. 무한 긍정 에너지를 계속 자가발전해내라는 주문부터 가짜 선지자 같은 멘토들까지 합세해, 청춘들에게 이길 수 없는 싸움터로 계속 나아가 무참히 깨지고 무너지란다. 청년들의 눈물에는 아무도 관심을 기울이지 않는다. 젊으니까 괜찮다는 것이다. 젊음이 무슨 고래 심줄이란 말인가. 얕은 힐링으로 치유될 수 없는 청춘을, 임지선은 똑바로 본다. _에세이스트 **김현진**

오늘날 한국 사회는 집단적 정서까지도 양극화돼 있다. 한쪽에서는 웰빙이나 감량, 골프여행지 선택이 삶의 문제이지만, 다른 한쪽에서는 그 어떤 힐링으로도 치유될 수 없는 '아픔'이 문제다. 일하다가 죽거나 다치고, 가정 폭력으로 죽거나 다친다. 또 억울함을 참지 못해 스스로 목숨을 끊기도 한다. 이런 이들과 그 유족들의 아픔은 말로 표현하기조차 어렵다. 이 아픔의 세계는 다수의 영세 자영업자나 비정규직 근로자인 한국인들과 직접적으로 유관한 세계다. 각자의 아픔을 한데 모아놓은 이 책은 우리로 하여금 연대해서 같이 아픔에 맞설 수 있는 귀중한 기회를 제공해준다. _교수 **박노자**

즐거움이 도처에 넘실대는 세상에선 자칫 세상의 진실을 놓치기 십상이다. 기자 임지선은 우리 곁의 삶, 아니 죽음의 진실을 가슴 먹먹한 풍경화로 빼어나게 그려냈다. 거리의 성매매 여성부터 대한민국 1, 2위 기업에서 일하는 젊은이까지, 따뜻한 눈매로 파고들어 슬픈 수작을 일궈냈다. 기자 후배이기 이전에 제자인 그를 보면 '청출어람'을 실감한다. 갈채를 보낸다. _언론인 **손석춘**

내 젊은 날의 피를 거꾸로 흐르게 했고, 사회변화와 개혁을 평생의 업으로 삼게 했던 한 권의 책은《70년대》라는 르포였다. 판자촌, 창녀촌의 삶은 고달프다는 말로 그 고통을 다 표현할 수 없었다. 40년이 지났지만 이마트, 비정규직 등 새로운 용어가 추가되었을 뿐 달라진 건 별로 없다. 임지선과 같은 섬세하고 따뜻한 시선이 있어 위로가 된다. _변호사 **송호창**

우리는 한국이라는 나라에서 태어나 사회의 한 구성원으로 치열하게 살고 있음에도, 그 구성원으로서의 권리를 누리지 못함을 종종 느끼곤 한다. 치열하게 살아온 덕분에 최선을 다할 수 있는 능력과 열정까지 갖추었건만, 사회는 우리를 마치 시장통에서 손질되어 버려지는 생선 부위마냥 칼로 툭툭 토막 내어 쓰레기통에 처박아버리곤 한다. 이렇듯 인간으로서의 권리와 삶이 토막나버린 이들을 직접 발로 찾아가 마주하고 그들의 사연에 귀 기울인 임지선 기자의 글을 읽으며, 어둡게 모서리진 곳에서 신음하고 있는 그들의 목소리를 들을 수 있었다. 그저 지금보다 조금만 더 숨을 쉴 수 있는 세상이 되었으면…. _영화감독 **양익준**

흐르는 자본주의를 살아가는 신산한 삶에 대한 보고서. 결코 '힐링' 따위로 해결될 수 없는 삶의 진실들이 시시각각 다큐멘터리처럼 고스란히 드러난다. 신자유주의라는 추상적인 용어 뒤에 감춰져 있는 적나라한 현실이 사정없이 눈길을 잡아끄는 것이다. 건조하면서도 폐부를 찌르는 글솜씨와 거시적인 관점은 독자의 입장에서 읽는 재미를 위한 덤이다. _문화평론가 **이택광**

임지선 기자는 차마 말하기 끔찍한 죽음과 살인, 범죄와 파괴, 폭력과 거짓, 재난의 현장을 직접 찾아가 확인합니다. 그리고 인간의 연민과 분노를 통해 생명과 부활, 희망과 재생, 사랑과 진실, 그리고 행복의 내일을 꿈꾸며 제시합니다. 그는 우리 시대의 고발적 예언자입니다. 이 보고서를 읽으면서 저는 제 자신의 삶에 대해 깊이 성찰하고 실존과 실천, 저항과 해방의 근거가 바로 이 불의한 사회를 타파하는 데 있음을 새삼 확인했습니다. 믿음이란 온갖 차별과 억압, 사회적 불의를 타파하고 해방과 자유, 정의와 평화를 실현하는 것입니다. 구원의 하느님이 곧 공평의 하느님입니다. 모든 정치인들, 특히 대선후보들이 꼭 읽어야 할 책입니다. _가톨릭 신부 **함세웅**

정보는 넘쳐나는데 이웃에 대한 상상력은 사라지는 역설의 시대. 글쓴이의 냉정하리만큼 절제된 문체는 무고한 이웃의 고통과 불행에도 "별일 없이" 사는 동시대인들의 불감증에 대한 분노가 어린 탓일까.
_진보신당 대표 **홍세화**

「현시창」

임지선 글
이부록 그림

청춘이 절망하는 나쁜 사회

○○ "지금까지도 힘들었는데 앞으로가 더 힘들 것 같아요."

○○ 내 앞에서 눈물을 뚝뚝 떨어뜨리던 스무 살 대학 새내기의 얼굴을 기억한다. 그는 서울까지 올라와 소위 명문대에 입학한 걸 후회하고 있었다. 값비싼 등록금 앞에, 교재비 앞에, 하다못해 몇 만 원짜리 모꼬지 비용 앞에서도 그는 한없이 초라해졌다. 아무리 발버둥 쳐도 가난은 깊어졌고 옆자리 친구와의 격차는 도드라졌다. 시궁창 같은 현실보다 더욱 두려운 것은 미래에도 나아질 리 없다는 절망이다. 세수도 하기 힘들 정도로 깊은 우울과 무기력이 그를 덮쳤다.

○○ 기자로서 '나의 세대'에 관해 무엇을 기록할 것인가. 스무 살의 절망을 보며 고민했다. 이후에도 나는 자꾸만 그들과 마주쳤다. 신문과 방송에 살인범으로, 자살자로, 천하에 몹쓸 사기꾼으로 등장하는 이들은 나처럼 젊은 얼굴을 하고 있었다. 남편의 매질을 피해 도망친 캄보디아 신부도, 홀로 아이를

낳아 키우는 미혼모도 이제 막 꽃피려 하는 나이였다. 그들은 청춘이되, 청춘이 아니었다. 짧은 인생에 너무 많은 좌절과 고통이 어깨를 짓누르고 있었다.

○○이 책은 내가 20대 후반부터 30대 초반까지 사회부 기자로 일하면서 현장에서 마주친 내 또래 청춘들에 관한 기록이다. 사건 당시 심층 취재를 통해 기사로 내보낸 사연도 있고 신문에는 짤막한 스트레이트 기사만 썼지만 개인적인 관심에 추가 취재를 한 사건도 있다. 나는 젊디젊은 이들이 무슨 이유로 살인을 하고 자살을 했는지 알고자 노력했다. 때로는 그들이 마지막으로 서 있던 장소에 가서 그들처럼 서 있어보기도 했다.

○○그들의 사연을 노동, 돈, 경쟁, 여성 등의 키워드로 나눠 묶었다. 2012년 한국 젊은이들을 고통 속에 몸부림치게 하는 열쇳말이기도 하다. 좋은 대학을 나와야 좋은 데 취직한다는 학벌 사회, 초등학생들까지 성적순으로 줄 세우는 경쟁에 미친 사회, 자존심도 인권도 포기한 채 일하길 강요하는 직장문화, 안전장치 하나 없이 일해야 하는 후진적 노동환경, 돈이면 다 된다며 상위 1퍼센트의 품격을 만끽하라는 물질만능 사회, 남편과 아버지가 폭력을 휘둘러도, 직장 상사가 성희롱을 해도 도움받기 어려운 가부장제 사회에서 청춘 개개인은 고통받고 있다.

○○경쟁에서 밀려나 방 안으로 숨어들었다가 자기 집 앞에서 '묻지마 살인'을 저질렀다. 경쟁에서 승리한 카이스트 영재들 역시 또다시 그 안에서 경쟁을 하다가 숨이 막혀 자살을 했다. 대출을 받기 위해 가짜 혼인신고를 하는가

하면, 프랜차이즈 빵집 경쟁에 꼭두각시로 나선 점주는 옆 가게보다 매출을 더 올리기 위해 '쥐식빵'까지 만들어냈다. 가난한 집안의 착한 딸들은 반도체 공장에 가서 생리불순을 참고 일하다가 백혈병에 걸렸고, 성실한 아들은 용광로 옆에서 야간작업을 하다가 쇳물에 떨어져 산화했다.

○○ 너무 많은 이들이 청춘을 위로하고 치유한다고 나서는 세상이다. 나는 스물네 건의 사연을 내보이며 이래도 세상이 이들에게 "힘내라"는 말을 건넬 수 있겠냐고 반문하려 한다. 이것은 철수와 영희, 개인의 문제가 아니다. 나 혼자 잘살면 해결되는 문제가 아니다. 청년이 미래에 대한 절망 속에서 허우적거리게 만드는 사회는 '나쁜 사회'라는 인식에서 출발해야 한다. 변화를 모색해야 한다. 그러기 위해 현실을 직시해야 한다.

○○ 정신없는 기자생활에 틈을 내어 책을 써볼 것을 강하게 권해준 알마출판사의 정혜인 대표에게 감사의 마음을 전한다. 그리고 어려운 작업에 선뜻 나서준 이부록 화가와 안지미 디자이너, 기자로서 더 낮은 곳을 볼 수 있도록 귀감이 되어준 〈한겨레〉 선후배들에게도 감사한다. 책을 쓰는 동안 예민해진 나를 견뎌준 남편과 부모님, 가족들에게도 한없이 고맙다. 무엇보다 집필하는 사이 잉태되어 이제는 세상에 태어난 나의 아들 교빈이에게 너희 세대의 청춘은 조금 더 행복할 수 있도록 엄마 세대가 노력하겠다고 약속해본다.

2012년 10월

임지선

혀시창

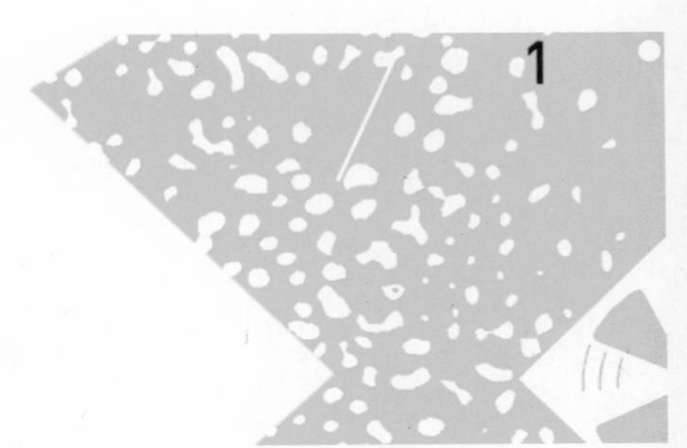

1 일터의 배신

이마트 지하에서 잠들다

그를 위로할 이는 아무도 없다

○○ 대형마트 안은 백야의 사막이다. 태양보다 눈부신 형광등은 수만 종류의 제품을 환하게 비추며 하루 종일 고객을 유혹한다. 시간을 잊은 고객들은 이리저리 카트를 민다. 고객의 쾌적한 쇼핑을 위해 365일 비가 오든 바람이 불든 마트 안은 적정 온도를 유지한다.

○○ 2011년 7월 2일 새벽 경기도 고양시 일산서구 덕이동 이마트 탄현점. 소비 천국의 쾌적함을 유지하기 위해 돌고 또 돌아야 할 지하 1층의 어둑한 기계실 안 냉방설비가 멈췄다. 큰일이다. 이마트 쪽은 고객의 쇼핑을 방해하지 않기 위해 자정이 넘은 새벽 시간에 사람을 불러 보수작업을 시작하도록 했다. 작업을 위해 냉방설비 제작업체에서 한 사람, 유지·보수 업체 대표와 직원이 각각 한 사람, 그리고 아르바이트생 한 사람, 이렇게 총 네 명이 파견

됐다.

○○ 몇 시간 뒤 기계실 안에서 인기척이 느껴지지 않는 것을 이상하게 여긴 이마트 경비 직원이 기계실 안쪽으로 들어섰다. 240제곱미터 규모의 기계실에 들어찬 가정용 냉장고 열 배 크기의 터보냉동기와 보일러 사이로 쓰러진 인부들이 보였다. 급히 병원으로 옮겼지만 네 명 모두 숨진 뒤였다. 경비 직원은 "문을 열고 들어가자 기계실 안에서 가스 냄새 같은 것이 났다"고 말했다. 출동했던 소방대원들과 경찰도 현장을 본 뒤 네 명의 인부가 누출된 냉매가스 등에 질식사한 것으로 추정했다.

○○ 사망자 중에는 몇 달 전 제대를 하고 복학하기 전 학비를 벌기 위해 아르바이트를 하던 서울시립대 학생 황승원 씨도 포함되어 있었다. 스물두 살의 그가 숨진 채 발견된 곳은 출입문에서 열 발자국도 떨어지지 않은 곳이었다.

○○ 이마트 고객들의 쾌적한 쇼핑을 위해 냉방설비를 고치다 죽었건만, 누구도 이 죽음에 책임을 지려고 하지 않았다. 이마트 쪽은 "우리는 냉방설비를 구입했을 뿐이고, 고장이 나서 애프터서비스를 신청했을 뿐"이라는 입장을 분명히 했다. 이마트는 숨진 인부들의 장례식장에 조화조차 보내지 않았다.

○○ 냉방설비는 '트레인코리아'라는 글로벌 기업의 한국 지사에서 판매한 것이다. 판매만을 대행하는 트레인코리아는 냉동설비의 유지와 보수를 서울 신당동의 자그마한 보수업체인 '오륜'에 맡겼다. 오륜의 직원은 다섯 명도 채 되지 않는다. 이마트는 제품 이상이라며 트레인코리아를 탓했다, 트레인코리아는 작업 중 과실이라며 오륜에 책임을 떠넘겼다. 하지만 이번 사고로 오륜의 사장님도, 바로 밑의 경력자도 사망했으니 오륜에서 아르바이트를 시작한 지 두 달도 안 된 황 씨의 죽음을 위로해줄 이는 아무도 없었다.

고학생의 빛과 빚

○○ 하여 장례식은 끝도 없이 길어졌다. 누가 이 청년의 죽음을 보상해줄 것인지, 당장 장례비는 누가 지불할 것인지 책임 미루기와 경찰 조사가 지루하게 늘어졌다. 황 씨의 주검은 40일이 넘도록 동국대 일산병원 냉동고에 보관됐다. 쓸쓸한 장례식장을 지킨 사람은 황 씨의 어머니와 열여섯 살의 여동생뿐이었다.

○○ 황 씨의 여동생을 처음 만난 날은 황 씨가 사망한 지 보름이 지난 후였다. 황 씨의 어머니는 빈소 한쪽에서 술을 마시고 있었고, 검은 상복을 입은 황 씨의 여동생은 우두커니 구석에 앉아 있었다. 영정 사진 속, 하얀 피부와 맑은 미소를 지닌 오빠의 얼굴과 매우 닮았다. 오빠에 대해 묻자, 여동생은 조용히 입을 열며 더 조용히 눈물을 흘렸다.

○○ 오빠를 생각하면 가슴이 아프다. 스물두 해 짧은 삶 내내, 오빠는 책임감에 짓눌려 살았다. 오빠가 중학생, 동생이 초등학생이던 시절 아버지가 사업에 실패했다. 어린 남매가 어느 정도 규모의 회사가 얼마나 크게 망했는지를 알 길은 없었다. 다만 그날부터 가족은 쫓기는 삶을 살아야 했다. 가족은 주변 사람들 몰래 외국으로 나갔고, 갖은 고생을 했다. 부모는 아이들을 학교에도 제대로 보내지 못했다. 아버지는 또 어딘가를 떠돌았고 어머니는 몇 년 전 홀로 한국에 들어와 식당, 찜질방, 공장 등에서 닥치는 대로 일했다. 서울 신당동에 보증금 1000만 원, 월세 40만 원짜리 반지하집을 구하기까지도 오랜 시간이 걸렸다.

○○ 찢어지게 가난한 환경 속에서도 오빠는 늘 동생에게 어른스러운 모습을 보였다. 여섯 살 어린 여동생을 “우리 애기”라고 부르며 끔찍하게 아꼈다. 가

끔이지만 술이라도 한잔 마시고 들어오는 날에는 오빠는 "아이고, 우리 애기"라며 자는 여동생의 머리를 쓰다듬어주었다. 오빠는 열다섯에도, 스무 살에도 늘 동생에게 하늘 같은, 아빠 같은 존재였다. 동생은 "늘 어른스러운 오빠였는데 우연히 들춰본 일기장에 또래 아이들처럼 '게임하고 싶다, 놀고 싶다'는 이야기가 쓰여 있는 것을 보고 놀랐다"고 말했다. 하지만 오빠는 한 번도 그런 욕망을 겉으로 드러내지 않았다.

○○ 오빠는 독하게 공부에 매달렸다. 학원비를 낼 돈이 없어 검정고시 학원을 한 달 만에 그만두어야 했지만 2007년 독학으로 고입, 대입 검정고시를 모두 통과했다. 이후 이종사촌 형에게 어려운 문제를 물어가며 혼자 수능을 준비했다. 2008년엔 세종대 호텔경영학과에 입학했다. 이후 여동생에게도 검정고시를 권했고 영어, 수학 개인교습을 해주었다. 덕분에 동생도 손쉽게 중학교 졸업 자격을 따냈다. 이제 고등학교 졸업 자격을 딸 참이었다.

○○ 하지만 오빠는 800만 원에 가까운 등록금 때문에 늘 고민했다. 공장에 나가 100만 원이 간신히 넘는 월급을 받아오는 어머니에게 부담을 줄 수 없었다. 1학년을 마치는 동안 두 학기 등록금 1000여만 원이 고스란히 빚으로 남았다. 오빠는 등록금에 비해 학생들이 배우는 것이 없고 학교가 너무 노는 분위기라며 괴로워했다. 공부에 매달린 결과 2학년 1학기에는 성적우수자로 뽑혀 전액 장학금을 받게 됐지만, 결국 학교를 그만뒀다.

"알바해서 학자금 대출부터 갚을 거야"

○○ 그렇지만 대학을 포기한 것은 아니었다. 오빠는 다시 수능을 봤다. 등록

금이 사립대의 절반 수준인 서울시립대 경제학부에 입학했다. 등록금 부담은 덜었지만 1000여만 원의 학자금 대출은 오빠를 숨 막히게 했다. 결국 한 학기만 다닌 뒤 군대에 갔다. 쌓여가는 학자금 대출이 부담스러웠던 탓이다.

서울시립대에서 한 학기를 다니는 동안 친구도 거의 사귀지 않았다. 돈이 들까봐 동아리 활동도 하지 않았다. 모꼬지를 가도, 축제가 열려도 참석하지 않았다. 이따금 학생식당에서 2,500원짜리 점심을 같이 먹던 오빠의 과 동기는 오빠를 "수업시간에 맨 앞자리에 앉았다가 수업이 끝나면 어디론가 사라지는 아이"로 기억하고 있었다. 밥을 먹다가 꿈이 뭐냐고 물으니 "엄마 모시고 편하게 사는 게 꿈"이라는 답이 돌아왔었다고 한다.

군대에 가서도 오빠는 가족을 먼저 생각했다. 군 복무 중에도 월급 5만 원을 집으로 부쳤다. 짧은 휴가를 나와서도 인력사무소를 찾아 아르바이트를 했다. 여동생의 공부를 도와주고 빈곤노동에 지친 어머니를 위로했다. 휴가 동안 쓰라며 어머니가 건넨 3만 원을 여동생의 책상 위에 남겨두고 부대에 복귀하는 사람이었다.

2011년 5월 18일 오빠는 군대를 제대하자마자 분주했다. "복학하기 전까지 바짝 벌어서 학자금 대출부터 갚을 거야." 군대에 있는 내내 1000만 원이 넘는 학자금 대출이 목에 걸렸다. 이것부터 해결하고 다시 시작하고 싶었다. 제대 후 며칠 동안 온라인 구인·구직 사이트를 살펴보던 오빠는 "동네에 있는 냉동설비 수리업체에서 사람을 뽑는다"고 반가워하며 면접을 보러갔다. 그리고 "월급이 150만 원이나 된다"고 기뻐하며 출근했다.

아르바이트는 머리보다 몸을 쓰는 일이었다. '오륜'은 직원이 다섯 명밖에 되지 않는 영세한 회사였다. 주로 하청을 받아 설비 고치는 일을 하는 곳이었다. 일손이 부족하다 보니 일을 시작한 지 얼마 되지 않는 황 씨도 이곳저곳 현장에 투입됐다. 선임자를 따라 나사를 조이고 망치질을 했다.

○○ 오빠는 출근 뒤 며칠 동안은 회사를 다녀오면 온몸이 아프다고 끙끙거렸다. 여동생은 제대하자마자 고생하는 오빠가 너무나 안쓰러웠다. 끙끙 앓는 오빠 곁에 앉아 가만가만 어깨를 주물러주었다. "오빠, 이렇게 힘든데 좀 편한 일 하면 안 돼?"라고 물으면, 오빠는 "이 정도는 괜찮아, 월급 150만 원 벌 수 있는 데가 흔치 않거든" 하고 말했다. 또 "9월에 1학년 2학기 복학할 때까지 넉 달 동안 계속 일하면 세종대 다니면서 빌렸던 학자금 대출도 좀 갚고, 서울시립대 다음 학기 등록금도 낼 수 있어"라며 활짝 웃었다. 첫 월급을 받던 날, 오빠는 여동생에게 용돈이라며 5만 원을 건넸다. 여동생은 미안해서 그 돈을 받지 못했다.

○○ 가족 모두 다 열심히 일해도 가난은 좀처럼 벗을 수 없었다. 오빠가 죽던 날, 2011년 7월 2일. 그날은 토요일이었다. 신당동의 영세 공장에서 완성된 제품에 라벨 붙이는 일을 하며 월 110만 원을 버는 어머니가 쉬는 날이었다. 여동생은 어머니 옆에 누워 나른한 토요일 아침을 맞이하고 있었다. 반지하 방에는 빛이 천천히 들었다.

○○ 지난밤에 "이마트에 야간작업을 간다"며 집을 나간 오빠는 아침이 돼도 돌아오지 않았다. 혼자 고생하고 있겠구나, 생각했다. 날이 밝고도 한참이 지났다. 슬슬 걱정이 될 때쯤 오빠에게 전화가 왔다. 걱정 반, 반가움 반에 어머니가 전화를 받고 다짜고짜 물었다. "너 안 들어오고 뭐해, 어디야?" 잠시 뒤, 어머니가 몸을 벌벌 떨며 전화기를 떨궜다.

○○ "어떡해…, 어떡해…."

○○ "엄마, 왜 그래?"

○○ "…오빠가 죽었대."

○○ 어머니의 말을 동생은 한동안 알아듣지 못했다.

창문만이라도 열 수 있었다면

○○ 이후에 시간이 어떻게 갔는지 알 수 없다. 병원에 가서 어머니와 이모부가 오빠의 주검을 확인했다. "승원이가 나 때문에 죽었어. 승원아, 엄마 왔는데 왜 안 나와…." 어머니는 오열했다. 사망 당시 오빠가 갖고 있던 휴대전화와 지갑 등이 '유품'이란 이름으로 여동생에게 전달됐다. 잠시 뒤 오빠의 휴대전화로 군대 동기들이 전화를 해왔다. "승원아, 오늘 술 한잔 어때?" 동생은 덜덜 떨며 대답했다. "저희 오빠가… 죽었어요. 질식해서 죽었대요."

○○ 가족들은 황 씨의 주검을 사망 40여 일 만인 2011년 8월 15일에 발인했다. 그의 죽음에 대한 진상규명과 이마트 등 관련 기업들의 제대로 된 보상을 요구하며 발인을 미뤄왔던 유족들은 결국 대부분을 포기하고 장례를 치렀다. 대학생들이 시위에 나서고 국회의원까지 진상규명과 책임보상을 요구하는 기자회견을 열었건만, 세상은 꿈쩍하지 않았다. 눈물과 술로 하루하루를 보내던 황 씨의 어머니는 췌장염 진단을 받고 쓰러졌다. 유족은 지칠 대로 지쳤다.

○○ 진상규명을 오래 끌던 경찰은 보잘것없는 결론을 내놓았다. 사건을 담당한 경기도 일산경찰서는 황 씨의 발인이 있기 3일 전, 트레인코리아의 안전관리자를 업무상 과실치사 혐의로 입건하고 사건을 검찰에 송치했다. 경찰은 "수사 결과 현장의 작업환경 관리 책임은 트레인코리아에 있는 것으로 밝

혀졌다"며 "하청업체이자 황 씨가 소속돼 있던 냉동설비 보수업체 '오륜'도 업무상 과실치사 혐의가 적용되지만, 대표가 사망해 공소권이 없다"고 밝혔다. 이마트 기계실의 작업환경이 열악한 부분에 대해서조차 이마트의 책임은 묻지 않았다. 환기시설이 제대로 되어 있었다면, 창문만이라도 활짝 열 수 있었다면 인부들이 질식사하지 않지 않았겠냐는 의문에는 답이 없었다.

○○ 황 씨가 죽을 때까지 걱정했던 학자금 대출은 고스란히 남았다. "이제 학자금 대출이자 내는 날이 다가오는데, 어떻게 해야 하죠?"라고 여동생은 물었다. 늘 자랑스러웠던 성실하고 착한 오빠가 남긴 것이 빚뿐이라는 사실을 동생은 받아들이기 어렵다. 승원 씨를 짓누르던 학자금 대출을 어머니와 여동생이 떠안지 않기 위해서는 사망 직후 3개월 안에 법원에 '상속포기 신청'을 해야 한다. 현실은 냉정하다.

○○ 다행히 서울시립대 대학생들이 중심이 되어 시민들이 모금을 해주었다. 모금액으로 황 씨의 학자금 대출은 갚아질 것이다. 장례식장을 찾은 대학생들은 황 씨의 여동생을 위로하며 서로 공부를 도와주겠다고 약속했다. 동생의 꿈은 초등학교 선생님이다. 그렇다면 동생도 대학에 가게 될까. 값비싼 대학 등록금을 내고 고된 아르바이트를 하면서도 아름답게 꿈을 지켜나갈 수 있을까. 오빠의 죽음 앞에 동생은 혼란스럽기만 하다. 당장 다가오는 검정고시를 치러야 할지조차 알 수 없다.

○○ "너무 혼란스럽지만 단 하나 제가 아는 것은 이제는 오빠를 보내줘야 한다는 거예요. 불쌍한 우리 오빠, 이제 그만 힘들고 편히 갈 수 있었으면 좋겠어요." 동생은 그렇게 오빠를 보냈다. 떠나기에도 떠나보내기에도 너무나 젊어 한스러웠다.

쇳물에 녹아내린 청춘

그 쇳물 쓰지 마라

○○그의 어처구니없는 죽음을 세상에 알린 것은 한 편의 시였다.

광온狂溫에 청년이 사그라졌다
그 쇳물은 쓰지 마라
자동차를 만들지도 말 것이며
철근도 만들지 말 것이며
가로등도 만들지 말 것이며
못을 만들지도 말 것이며
바늘도 만들지 마라

모두 한이고 눈물인데 어떻게 쓰나?
그 쇳물 쓰지 말고
맘씨 좋은 조각가 불러
살았을 적 얼굴 흙으로 빚고
쇳물 부어 빗물에 식거든
정성으로 다듬어
정문 앞에 세워 주게

가끔 엄마 찾아와
내 새끼 얼굴 한번 만져보자, 하게.

○○젊은이의 죽음이 세상에 알려진 것은 한 편의 시 덕분이었다. 시는 충남 당진의 한 제철소에서 한 20대 노동자가 펄펄 끓는 용광로에 빠져 숨졌다는 짤막한 스트레이트 기사 아래 댓글로 붙어 있었다. 한 누리꾼이 쓴 〈그 쇳물 쓰지 마라〉는 제목의 시는 조용하고도 무겁게 인터넷 공간에 퍼져나갔다.

○○2010년 9월 9일, 추적추적 비가 내리는 날이었다. 날씨 때문인지 몸이 으슬으슬했다. 마감을 끝낸 늦은 오후, 차를 타고 이동하는데 캡에게 전화가 왔다. 캡은 신문사 사회부 경찰팀의 팀장을 일컫는 용어로 서울지방경찰청을 출입처로 삼기에 흔히 '시경 캡'이라 불린다. 서울을 여러 지역으로 쪼개 맡은 경찰기자들은 캡의 지시에 따라 아침부터 밤까지 분주히 움직인다. 그는 대뜸 내게 시에 대해 물었다.

○○"인터넷에 떠도는 용광로에 빠져 숨진 노동자 추모시 봤어?"

○○ "네, 봤어요."

○○ "어떻게 생각해? 기사는 거의 안 나왔던데…. 당진이라는데 한번 가볼래?"

○○ "가볼까요? 지금 회사 차로 이동 중인데 바로 달려가면 자정 전에는 도착할 수 있겠는데요."

○○ "그래, 그럼 일단 가봐. 가봐서 상황이 어떤지 보고하고."

한 줌의 뼛조각, 1리터의 눈물

○○기존에 그의 죽음을 보도한 기사를 찾아봤다. 7일 오전 2시께 충남 당진군 석문면 모 철강업체에서 직원 김모 씨가 용광로에 빠져 숨졌고, 시신은 찾지 못했으며, 경찰은 사고 경위를 조사 중이라는 단 네 문장으로 구성된 짧은 스트레이트 기사였다. 육하원칙에 맞춰 사실관계만을 나열하는 스트레이트 기사는 늘 무서우리만큼 차갑다. 사람이 용광로에 떨어져 흔적도 없이 사라졌다는 끔찍한 상황을 이야기하면서도 점잖기만 하다. 경찰이 사고 경위를 조사한다지만 대부분의 언론은 그 조사가 끝날 때쯤이면 사고 자체를 잊을 터였다.

○○전화를 끊고 무작정 충남 당진으로 달려갔다. 남자가 죽었다, 남자는 펄펄 끓는 용광로 옆에서 일하는 노동자다, 노동자는 용광로에 빠져 죽었다. 나로서는 가늠할 수조차 없는 일이다. 하지만 아직도 한국의 철강회사 현장에서는 종종 발생하는 사고다. 당진으로 가는 길, 밤새 차가운 비가 쏟아졌다. 억수비였다. 한기가 느껴지는 가을밤, 펄펄 끓는 용광로에서 숨진 청년의 모

습은 이미지조차 떠오르지 않았다.

○○당진으로 가는 차 안에서 전화를 돌려 죽은 이를 수소문했다. 민주노총 관계자부터 산업재해 연구를 하는 이들에게까지 이 사건에 대해, 그 남자에 대해 아는 것이 없느냐고 물었다. 아는 이가 없었다. 나중에 안 사실이지만 사망한 노동자가 다니던 회사가 한국노총 소속이어서 민주노총 관계자들은 사건을 잘 파악하지 못한 상태였다. 경찰에 물어 회사 이름을 알아냈고 회사에 물어 장례식장을 찾았다.

○○자정 무렵 장례식장에 도착했다. 장례식장에는 빗소리만 가득했다. 그의 성은 김, 나이는 29세였다. 장례식장에는 빈 관이 놓여 있었다. 용광로에 녹은 그의 몸뚱이를 찾을 길이 없어서였다. 몸뚱이도 없는 막내아들의 장례를 치러야 하는 부모는 차마 눈물도 흘리지 못했다. 세 누이는 조용히 흐느꼈다. 작업복을 입고 빈소를 찾은 회사 동료들은 아무 말도 못한 채 술을 마시다 얼굴을 붉혔다. 일부는 장례식장 앞에 나와 앉아 퍼붓는 비를 바라보며 담배만 피워댔다.

○○다음 날 오전 10시, 사고 현장을 찾았다. 김 씨는 자신이 일하던 충남 당진군 ㅎ철강 제강공장의 전기로 안에서 숨졌다. 매일같이 섭씨 1,600도의 쇳물이 이글거리는 깊고 둥근 쇳물통이다. 회사는 사고 이후 경비가 삼엄해져 있었다. 충남 당진경찰서 과학수사대 차를 얻어타고 잠입했다. 기자임을 알아차린 회사 관계자와 승강이 끝에 가까스로 전기로에 접근할 수 있었다.

○○7일 새벽에 사고가 난 뒤로 사흘을 내리 식혔지만 전기로 안은 여전히 뜨끈뜨끈했다. 고무장화를 신고 사다리를 올라 전기로 안으로 들어갔다. 쇳물은 식어 허연 잿더미처럼 보였다. 잿더미 위에 손이 닿으면 바스러질 듯한 뼛

조각 몇 개가 놓여 있었다. 김 씨의 다리뼈와 두개골의 일부였다. 섭씨 1,600도가 넘는 쇳물 안에서 다 타버리지 않고 남은 것만도 기적에 가까웠다. 당진경찰서 과학수사팀 소속 경찰관이 두 손으로 유골을 떠서 조심스레 자루에 옮겨 담았다.

○○전기로 밖에는 유족들이 서 있었다. 유골 수습 장면을 지켜보던 김 씨의 부모와 누이들이 마침내 오열했다. 야근조라며 웃으며 출근했던 아들, 손닿으면 바스라질 듯한 뼛조각이 되어 돌아온 동생이 믿기지 않는 듯했다. 사고 소식만 듣고 주검조차 보지 못한 채 장례를 치르던 가족이었다. 경찰이 전기로에서 유골을 수습해보겠다기에 마지막 기대를 안고 따라온 참이었다.

○○"사람이 섭씨 1,600도의 쇳물에 빠지게 되면 일단 그 온도에 몸이 곧바로 타게 되는데, 이때 무거운 쇳물의 특성상 사람의 유골이 윗부분에 뜨게 되어 있어요. 때문에 식은 쇳물 위쪽에서만 유골을 수습하고 나면 아래쪽의 잿더미들은 유골과 전혀 섞이지 않았다고 볼 수 있습니다." 과학수사팀장이 덤덤하게 설명했다. '그 쇳물 쓰지 말라'는 여론을 의식한 듯했다.

○○사흘 동안 장례식장에 덩그러니 놓여만 있던 나무 관이 사고 현장인 전기로 앞으로 들어왔다. 관에 하얀 창호지를 깔고 바스라져가는 뼛조각을 넣었다. 김 씨는 사망한 지 사흘 만에 뼛조각 일부로나마 누울 곳을 얻었다. 전기로 앞에 조화와 관을 놓고 입관식을 진행했다. 모든 기계 가동이 중단된 거대한 공장에 유족들의 울음소리만 울려퍼졌다.

정신이 혼미한 야간에 벌어진 사고

○○김 씨는 2009년 6월 ㅎ철강에 입사했다. 입사한 지 이제 갓 1년을 넘긴 참이었다. 당진에서 태어난 그는 2년제 대학 자동차학과를 졸업했지만 전공대로 취업을 하기란 쉽지 않았다. ㅎ철강에 입사하기 전에는 당진 시내에 있는 조그만 광고회사에 다녔다. 말이 광고회사지 가게를 하나 차려놓고 간판이나 각종 광고물을 만드는 곳이었다. "늘 웃으면서 성실하게 일하던 청년"이라고 당시 거래처 사람은 그를 기억했다.

○○20대 후반이 된 그는 보다 안정된 직장을 찾아나섰다. 당진에는 철강회사가 많다. 철강회사의 정규직 직원이 되면 월급도 안정적이고 정년도 보장된다. ㅎ철강에 지원을 했다. 회사 관계자는 "김 씨는 당시 다른 지원자들에 비해 나이가 많았지만 우리 회사에 오고 싶어 이 동네로 이사까지 했다는 말에 열정이 느껴져 뽑았다"고 말했다. 1년여를 일하며 안정을 찾은 그는 여자친구와 내년쯤 결혼할 꿈을 꾸고 있었다고 주변 사람들은 전했다.

○○7일 새벽, 그는 여느 때처럼 작업복 차림으로 전기로 주변에서 일하고 있었다. 4조 3교대로 24시간 돌아가는 공장에서 그는 밤 11시부터 아침 7시까지 근무하는 조였다. 한 조에 여섯 명씩, 고철을 전기로에 넣어 녹여낸 뒤 쇳물을 다음 공정으로 보내는 일이었다. 야근은 언제나 사람의 집중력을 떨어뜨린다. 유럽에서는 야간작업 자체를 발암을 유발하는 환경으로 규정하고 있다. 하지만 24시간 전기로가 가동되어야 하는 작업장에서 노동자는 선택할 수 없다. 야근을 해야 한다.

○○이 회사에선 하루에 100톤 분량의 고철을 일고여덟 번 녹여내고, 또 하루에 세 번씩 20분 정도 '스프레이 보수작업'이라는 정리작업도 진행한다.

스프레이 보수작업을 하는 이유는 간단하다. 녹여낸 고철을 빼낸 뒤 다음 고철을 녹이기 위해 정리작업을 하는 것이다. 전기로에 15톤 정도의 쇳물만 남긴 뒤 위쪽의 둥근 뚜껑을 열고 뚜껑 주변을 청소한다. 주로 자잘한 쇳조각들이 끼어 있는데 이런 이물질들을 전기로 안쪽으로 넣거나 밖으로 빼내는 작업을 한다.

○○2층 높이의 전기로 뚜껑 주변에 있는 스프레이 보수작업 장소에는 별다른 안전장치가 없다. 전기로로 접근을 막기 위해 허술한 쇠사슬이 걸려 있을 뿐이다. 뚜껑 주변의 이물질이 잘 제거되지 않으면 한쪽 발을 들어 쇠사슬을 넘어간 뒤 팔을 뻗치기 일쑤다. 이때 전기로의 열을 우습게 봐서는 안 된다. 섭씨 1,600도의 쇳물은 어떤 뜨거움을 상상하든 그 이상이다. 열에 노출되면 누구라도 순식간에 정신을 잃게 된다. 작업복은 말 그대로 작업복, 섭씨 1,600도의 후끈한 열기에서 노동자들을 지켜주는 것은 아니다.

○○사고가 나던 날 새벽 1시 20분께, 어김없이 스프레이 보수작업이 시작됐다. 김 씨는 전기로 주변 청소를 맡았다. 당시 전기로에는 쇳물 15톤 정도가 남아 있었다. 새벽 1시 40분, 김 씨의 동료는 김 씨가 전기로 입구 옆에 걸쳐 있는 철근 조각을 치우려고 파이프를 들고 애쓰는 모습을 봤다. 그다음으로 본 게 김 씨가 쇳물 속으로 떨어지고 있는 모습이었다. 김 씨는 소리도 지르지 못했다. 동료들은 김 씨가 빠진 사실을 알고도 이글대는 전기로 안을 들여다볼 수가 없었다. 허망한 죽음이었다.

안전시설은 얼기설기한 쇠사슬뿐

○○ 죽음의 실체가 보도된 뒤 여론이 들끓었다. 노동·보건의료 분야 시민사회단체들은 기자회견을 열고 "정부는 산재 사망에 대한 근본 대책을 마련할 것"을 촉구했다. 이미경 민주당 의원은 국회에서 기자회견을 열어 "이번 사건은 관할 노동청 사이의 책임 떠넘기기식 부실 안전점검으로 인해 발생한 예견된 산업재해"라며 "전기로 주변의 기본적인 안전시설이 안전 사각지대에 놓여 있어 개선이 시급하다"고 밝혔다.

○○ 실제 사고가 난 ㅎ철강은 고용노동부의 산재예방 집중계획 대상에서도 빠져 있었다. 사고 2주 전 중대 산업재해 예방센터가 ㅎ철강에 실태 점검을 나갔으나 전기로 주변 안전시설 점검은 제외된 것으로 드러났다. 일본의 제강업체에서 20여 년 동안 일했다는 한 독자는 이메일을 보내 "신문에 실린 ㅎ철강의 전기로를 보고 경악했다"며 "안전장비를 꼼꼼히 갖추는 일본이었다면 절대 일어나지 않았을 후진국 사고"라며 안타까워했다.

○○ 전기로는 한동안 가동되지 않았다. 회사 쪽은 "경찰 설명대로라면 유골을 떠낸 아래쪽의 쇳가루에는 유골이 섞이지 않아 전기로를 다시 가동해도 문제가 없지만 〈그 쇳물 쓰지 마라〉는 조시弔詩로 인해 많은 이들이 15톤에 달하는 쇳물의 사용에 관심을 가져 회사 입장에서도 부담스러운 상황"이라고 밝혔다. 회사는 일단 사망한 노동자를 위한 진혼제를 열어 그 넋을 위로한 뒤 유족과 합의한다는 입장을 밝혔다.

○○ 얼마 뒤 회사 쪽은 유족과 합의했다. 얼마 전 다른 회사에서 용광로에 빠져죽은 노동자에게 건넨 합의금이 기준이 됐다. 반복되는 사고에 업계의 대응방식까지 정해져 있는 셈이다. 어찌됐든 합의가 됐으니 그 죽음을 더이상

문제 삼을 수 없게 됐다.

○○ 김 씨가 사망한 작업 현장을 둘러본 뒤 회사 쪽 사람들과 대화를 나누기 위해 본관 사무실에 들어간 순간을 잊을 수가 없다. 사무직 직원들이 일하는 본사 건물은 서울에 있는 어떤 건물보다도 멋졌다. 겉면은 노출콘크리트와 대리석 등으로 깔끔하게 마감되어 있었고, 시원한 통유리에 널찍한 실내에는 초록 식물들로 인테리어까지 잘 되어 있었다. 화이트칼라의 1인당 업무 영역은 널찍했고 공기는 한없이 쾌적했다. 반면 현장 노동자들이 일하는 곳은 철강회사답게 거대한 용광로와 시멘트 바닥, 허술한 철제 계단, 얼기설기 얽어놓은 쇠사슬 경계선 등이 전부였다. 회사는 흑자를 내어 본사 건물은 멋지게 지었지만 현장 노동자들을 위한 안전장치는 강화하지 않았다.

○○ 2010년 한 해 동안 일터에서 사고로 사망한 사람은 1,383명에 달한다. 이 중 453명이 추락해 숨졌다. 최소한의 안전장치만 갖춰져 있어도 막을 수 있는 죽음이 대부분이었다. 김 씨의 장례식 내내 차가운 가을비가 내렸다. 비바람이 너무 차가워 섭씨 1,600도에서 산화한 그가 더욱 서러웠다.

WHITE

비정한 세상, 비정규직

몇 초 뒤의 미래도 장담할 수 없다

○○2010년 12월 6일 저녁, 울산 현대자동차 공장 앞에 서서 나는 어쩐지 좀 무섭다는 생각을 했다. 22일째 공장의 라인을 점거하고 파업 투쟁을 벌이고 있는 비정규직 노조를 취재하기 위해 내려간 길이었다. 점거 농성이 벌어지고 있는 공장의 정문 앞에는 회사 쪽에서 만들어놓은 '컨테이너 산성'이 쌓여 있었다. 열여섯 개의 컨테이너에는 'HUYNDAI'라는 글씨가 선명했다.

○○점거 농성에 합류하지 못한 비정규직 동료들은 정문 앞 인도 위에 텐트를 치고 누웠다. 대부분이 20~30대 청년이었다. 여기서 먹고 잔다고 해서 공장 안 동료들이 볼 수는 없겠지만 이렇게라도 함께하며 시민들에게 '우리의 싸움'을 알리고 싶은 심정이었을 것이다.

○○마음은 절박했지만 외모는 무시무시했다. 눌러쓴 모자, 눈 밑까지 올린

두건 사이로 매섭게 눈이 빛났다. 한겨울의 추위를 막아볼 요량으로 입은 두꺼운 점퍼는 모두를 덩치 큰 사내들로 보이게 했다. 인도를 지나는 시민들은 무리지어 있는 비정규직 투쟁자들을 발견하고는 차도로 내려가 피해가곤 했다. 편견은 손쉽게 만들어진다. 두건을 쓴 청년들도 시민들의 눈빛을 알아챘을 터다.

○○하지만 시민들은 알지 못했다. 무섭기로 말하자면 농성에 나선 이들의 것이 훨씬 컸다. 두건 아래의 날카로운 눈빛에는 두려움과 경계심이 번뜩였다. 생계를 걸고 거리로 나온 참이었다. 몇 초 뒤의 미래도 장담할 수 없었다. 누가 언제 와서 텐트를 철거하고 농성자들을 연행할지 모를 일이었다. 그렇다고 연대가 두터운 것도 아니었다. 텐트를 치고 몇 날 며칠을 먹고 자면서도, 같은 파견회사가 아니면 서로 얼굴도 이름도 몰랐다. 쑥스러워서 옆 텐트와 인사도 제대로 나누지 못했다. 비정규직 노조라고는 하지만 같은 라인이 아닌 이상 동료애를 느껴볼 틈도 없었다. 다만 사람답게 살고자 함께 거리에 섰다.

○○그날 밤 정규직 노조의 도움을 받아 어렵게 점거 농성이 한창인 공장 안으로 잠입했다. 정규직 노조는 비정규직 노조를 적극적으로 도울 수도, 막을 수도 없는 입장이었다. 무턱대고 비정규직을 모두 정규직으로 전환하자고 주장하기에는 정규직 노조 안에서의 의견이 분분했다. 정규직 노조는 비정규직 노조에 대해 강경 일변도인 회사 쪽과 적당히 타협해가며, 아무런 준비 없이 점거 농성에 들어간 비정규직 노조에게 하루에 한 번 김밥 등 식량을 전달했다.

○○저녁때 농성장에 잠입해 구석에서 밤을 보냈다. 한기가 느껴져 눈을 떴

을 땐 사방이 어두웠다. 아침인 듯 했지만 몇 시인지 알 수 없었다. 내 손조차 보이지 않는 어둠이었다. 전기와 수도가 수시로 끊기는 울산 현대자동차 1공장 3층, 점거 농성 중인 비정규직 노동자 400여 명과 함께 7일 아침을 맞았다. 차가운 바닥에 누인 몸은 밤새 굳었다. 3일 전 회사 쪽에서 포클레인을 동원해 찢어버린 동쪽 창문은 칼바람을 토했다. 이제 점거 농성 23일째다.

○○ 어둠과 추위보다 더 큰 공포는 배고픔이었다. 평균 30대의 젊은이들이 하루 한 끼, 김밥 한두 줄로 하루를 버텼다. 이날까지 세 명이 영양실조로 쓰러졌고, 100여 명이 농성을 포기했다. 미처 식량을 준비할 새도 없이 시작된 이번 점거 농성의 최대 약점이다.

○○ 한 달 전인 11월 15일 현대자동차 시트공장에서 일하던 동성기업 소속 노동자들이 회사 쪽의 일방적인 '폐업 선고'에 항의하다 집단으로 구타를 당했다. 파견된 비정규직 노동자들은 수고롭게 해고할 필요도 없다. 그저 파견회사 자체를 없애버리면 그만이다. 40여 명의 노동자들이 피를 흘리며 경찰로 연행된 직후 비정규직 노조 조합원들은 기습적으로 1공장 3층을 점거했다. 대부분이 티셔츠에 작업복 차림이었다. 무모했고 절박했다.

"원청이세요, 하청이세요?"

○○ 그곳에서 스물여덟 살의 김현묵(가명) 씨를 만났다. 현묵 씨는 점거 농성이 한창인 1공장 3층 구석에서 박스를 펴고 대형 비닐을 덮은 채 누워 있었다. 키가 크고 얼굴이 하얀 그는 농성 20일째 화장실에 가던 중 실신했다. 영양실조였다. 기절한 건지, 자는 건지 아무튼 몇 시간 동안 정신을 잃었던 그

가 부스스 눈을 떴을 때, 동료들이 아껴둔 초코파이 하나를 들고 왔다. 달콤한 초콜릿이 배 속으로 녹아들자 조금 정신이 났다. 그래도 기력이 딸려 며칠째 누워만 있었다.

○○ "원청이세요, 하청이세요?" 비닐을 덮고 누워서도 현묵 씨는 이 말을 떠올렸다. 울산에서 여자를 만날 때마다 맨 처음 받는 질문이다. 스물여덟이니 참한 여자를 만나 가정을 꾸리고 싶었다. 잔업에 야근에 휴일 근로까지, 지친 몸으로 혼자 살아가기에 울산은 너무 외로웠다. 연애를 하지 않는 현묵 씨는 일이 끝나면 늘 동료들과 피시방에 가서 담배를 피우며 게임을 했다. 특별히 재미있어서는 아니었다. 다른 할 일이 없었다.

○○ '현대'라는 회사가 먹여살린다고 해도 과언이 아니라는 도시 울산에서는 "신고 있는 신발이 운동화면 비정규직, 구두면 정규직"이라는 말이 있을 정도로 정규직과 비정규직의 계급 구분이 자연스럽다. 그러니 현묵 씨는 그를 훑어보며 그가 비정규직인지 아닌지 감 잡으려는 여성들 앞에 설 때마다 괴로웠다. 하지만 여자 입장에서도 이해는 간다. 현대자동차에서 정규직과 비정규직의 임금, 복지 수준은 하늘과 땅 차이다.

○○ 현묵 씨의 고향은 거제도다. 대형 조선소들이 먹여살리는 거제도에서도 주민들은 정규직과 비정규직으로 나뉜다. 고등학교를 졸업한 현묵 씨에게 어른들은 조선소에 비정규직으로 입사하는 것이 당연하다는 듯 말했다. 조선소 비정규직이 되기 싫어 울산으로 도망쳤다. 현대자동차에 문을 두드렸다. 여기에서도 비정규직이었다. 기업들은 더이상 정규직을 덜컥덜컥 뽑아주지 않았다. 그는 현대자동차에서 6년 7개월을 비정규직으로 살았다.

○○ 생각해보면 우습다. 밖에서는 정규직과 비정규직의 구분이 대단해 보이

지만 실제 공장 안에서 작업할 때는 별 차이를 느끼지 못한다. 정규직과 비정규직은 같은 라인에 섞여서 일을 한다. 정규직이 대형차를 만들고 비정규직이 경차를 만드는 것도 아니다. 같은 차를 조립하고 매만진다. 하지만 라인에서도 가만히 보면 작업에 차이가 드러난다.

○○점거 농성이 벌어진 공장 3층에는 'CTS(도어 탈부착) 공정' 라인이 있다. 말 그대로 차 문을 떼고 붙이는 작업을 하는 공정이다. 점거 농성으로 라인 가동이 중지됐으니 차 문이 없는 신형 액센트 열 대가 차체에 뽀얀 먼지를 뒤집어쓴 채 일렬로 서 있다. 이 컨베이어 벨트 위에서 여덟 명이 일한다. 정규직이 네 명, 비정규직이 네 명이다.

○○힘들고 위험한 업무는 자연히 비정규직의 몫이다. 이 라인에서는 도장을 마치고 나온 차 본체에서 문짝 네 개를 떼어내고 열쇠를 끼우는 작업을 한다. 정규직은 열쇠통을 끼우는 작업을, 비정규직은 문짝을 떼는 작업을 한다. 신차가 출시될수록 비정규직이 해야 할 공정은 슬쩍 늘어난다.

○○이 라인에서만 6년째 일해온 한 비정규직 노동자는 "문짝을 떼는 일에 프라이머, 메틸에틸케톤 등의 화학물질을 차체에 바르는 일까지 하고 있다"며 "면장갑에 일반 마스크를 쓰고 일하는데 화학약품 냄새에 어지럽다"고 했다. 화학물질을 바르는 일은 다른 공정의 경우 기계가 하는 일이다. 얼마나 위험한 약품인지도 그는 모른다. 지난 7월 손목 연골이 파열돼 수술까지 받았다. 산재 처리는 받지 못했다. 정규직과 비정규직 사이의 차별은 라인이 돌아가듯 일상적으로 이루어진다.

○○현대자동차 공장에서 일하는 비정규직들은 본사 직원의 관리 아래 일을 하지만, 소속 회사는 모두 다르다. 주로 정규직 관리직들이 퇴직 이후 5~8

년 정도 파견업체를 운영하는 속칭 '바지 사장'이 된다. 그 기간이 끝나면 다른 이에게 회사를 넘긴다. 기존에 있던 회사는 폐업 신고를 해버리면 그만이다. 고용을 유지할 필요도 없다. 회사는 이름을 바꾸고 비정규직 노동자들은 신입 계약서를 새로 써야 한다. 지금까지의 경력도 모두 사라진다. 월급은 곤두박질치거나 제자리걸음이 된다. 더러워도 일하고 싶다면 참아야 한다.

○○ 현묵 씨는 더이상 참지 않을 생각이다. 희망도 보인다. "7월에 불법 파견 비정규직의 정규직화를 인정한 대법원 판결을 보고서야 비겁하게 노조에 가입했다"는 그는 "더이상은 비정규직으로 살고 싶지 않아 끝까지 버틸 것"이라고 말했다. 아무리 배고프고 치욕스러워도 참을 수 있다. 매일 출근해 야근도 마다않고 성실하게 일하는 이곳, 현대자동차 울산공장에서 정규직으로 떳떳하게 일할 수만 있다면 말이다.

여성+비정규직+노조원=가혹한 겨울

○○ 그와 이야기를 나누고 돌아서는데 배에서 꼬르륵 소리가 난다. 어느새 저녁 시간이다. 식량이 부족하니 배식 시간은 고통에 가깝다. 하루에 한 번, 말 한마디에 울산 현대공장 1공장이 요동친다. "밥 드세요!" 농성장 배식 담당인 서른한 살의 김미진 금속대의원은 400여 농성자 중 유일한 여성이다. 6일 오후 6시, 이날 첫 배식이 시작됐다. 1인당 한 줄 반의 김밥이 전부다. 하루 종일 굶은 비정규직 조합원들이 은박지에 싸인 김밥을 받아 흩어졌다. "3시에 들어온 김밥인데 그때 먹으면 밤새 배고플까봐 이제야 나눠줘 다 식었네요." 찬 김밥을 만지며 김 대의원이 울었다.

○○김 대의원에게 비정규직은 '지겨운' 단어다. 그는 울산 현대자동차 비정규직인 부모 밑에서 맏딸로 자랐다. 1998년 인문계 고등학교에 진학해 대학에도 합격했지만 외환위기가 닥치면서 돈 걱정에 잠 못 이루는 부모를 보고는 입학을 포기했다. 부모를 따라 현대자동차 2공장에서 비정규직 인생을 시작했다. 계약직으로 1년 만에 해고된 뒤 오토바이를 타고 배달까지 하며 갖가지 아르바이트를 했다. 2001년에 다시 현대자동차 2공장에 자리가 났다. 4년 전에는 비정규직인 남편을 만나 결혼했다.

○○지난 6월 함께 품질관리 일을 하던 여성 노동자 중 다섯 명이 해고됐다. 남은 이들의 작업량이 늘었다. '고용 불안'이 엄습했다. 7월에 비정규직 지회에 가입해 지난달에 금속대의원으로 선출됐다. 그는 "내가 이곳에 있다는 이유만으로 바깥에 있는 여성 노동자들이 단결하고 있다"며 "비정규직이 약자인데 여성 비정규직은 더 약자인 만큼 여성 비정규직의 이름을 걸고 끝까지 싸울 것"이라고 말했다.

○○하지만 현실은 녹록치 않다. 현대자동차 파견업체에서 소장으로 일하는 아버지에게 회사 쪽이 "딸이 농성을 그만두게 하라"며 압박해왔다. 불안해진 아버지는 홧김에 딸에게 전화해 "지금까지 살아오면서 처음으로 네가 부끄럽다"고 화를 냈다. 잠시 뒤 "미안하다"는 문자가 왔다. 평생을 비정규직으로 살아온 부녀에게 가혹한 겨울이다. 힘든 마음을 달래려 김 대의원은 농성장에서 매일 밤 일기를 썼다. "500명의 조합원들 중 단 한 명의 여성 대의원인 나. 내가 한 결정이기에 후회는 없다"고 쓰고 조용히 노트를 덮었다.

사람답게 일하기 위하여

○○김밥 한 줄로 하루하루를 버티는 동료들을 보며 39세의 이상수 현대자동차 노조 비정규직 지회장은 앞날을 생각해봤다. 생각보다 점거 농성이 길어지고 있었고, 회사는 대책을 내놓지 않고 있다. 신경전이다. 이번 주가 넘어가면 끌려 나가든지, 고립을 견디다 못해 스스로 나가든지 선택할 수밖에 없다는 생각이 든다. 어찌됐든 여기까지 함께 싸워준 동료들을 위해서라도 회사 쪽과 제대로 된 대화를 하기 전에는 먼저 농성을 푸는 일은 없을 것이다.

○○이 지회장은 1991년 대구에서 인문계 고등학교를 졸업한 뒤 가방 하나 둘러메고 혼자 울산에 왔다. 컨테이너 만드는 공장에서 용접일을 했다. 1년간 일을 하다가 군대에 갔고, 제대 뒤 다시 같은 일을 1년간 했다. 이후에 다시 대구에 가서 제일모직 공장에 계약직으로 들어갔다. 원자재가 들어오면 물량을 체크하고 반출하는 업무를 하는 물류 담당 부서였는데, 1년 만에 부서가 통째로 도급화됐다. 술을 마시다가 싸워야 한다고 얘기했다가 다음 날 시말서를 내야 했다.

○○6개월 동안 건설 현장을 전전하다가 서울로 올라와 3년을 공부해 물류관리사 자격증을 땄다. 하지만 '고졸, 30대'란 조건으로는 취직이 어려웠다. 2003년에 다시 울산으로 돌아왔다. 일자리는 있지 않겠나 생각하고 돌아왔는데 그새 상황은 더 열악해져 있었다. 6개월 정도 제대로 된 일을 못 구하다가 파견업체를 통해 현대자동차에서 비정규직으로 일하게 됐다. 그렇게 7년을 현대자동차에서 일했다.

○○현대자동차는 2005년에 공식적으로 '마지막 정규직'을 뽑았다. 이후에는 모두 파견업체를 통해 사람을 쓴다. 불합리한 일이 끝도 없이 일어났다. 이

지회장은 노조가 필요하다고 생각해 비정규직 노조에 가입했다. 2005년 6월 현장대의원과 2공장 대표로 선출됐고, 2009년 9월에 지회장으로 선출됐다. 결혼은 못할 팔자다. 1년에 두 번, 고향인 대구에 가서 선을 보는데 잘 안 된다.

○○ 점거 농성을 하는데도 공장 안 라인은 한없이 깨끗했다. 농성을 철수하면 바로 다음 날에라도 라인을 가동할 수 있는 수준이었다. "여기 있는 노동자들 모두 자기 회사, 자기 라인에 대한 애착이 강해요. 누구도 망가뜨리거나 부숴버리고 싶어 하지 않습니다. 화장실도 교대로 청소하고 술 반입도 철저히 차단하고 있어요." 이 지회장은 말했다.

○○ "조합원 대부분이 30대 젊은이들입니다. 다들 불법 파견 노동자로서 6~7년씩 고용 불안과 차별에 시달리며 고통을 받아왔다는 공감대가 바닥에 깔려 있죠. 현대자동차에서 공정이 없어져 회사에서 쫓겨나는 비정규직이 1년에 300명입니다. 그런 시기가 되면 노동자들은 친한 사람들끼리도 말을 안 하고 툭 하면 싸움이 벌어지죠. 더이상 이렇게 살 수 없다는 마음으로 이 자리에 모였습니다."

○○ 이틀 뒤 점거 농성이 끝났다. 비정규직 노동자들은 많은 것을 얻지 못했다. 이듬해 이상수 지회장은 현대자동차 울산공장을 불법 점거해 파업을 주도한 혐의로 구속됐다. 그러나 그들은 포기하지 않았다. 2012년에도 이들은 투쟁을 이어나가고 있다. 여전히, 사람답게 일하기 위해서, 더이상 이렇게 살 수 없어서다.

현대

소녀와 백혈병, 그리고 삼성

투사가 된 속초의 택시운전사

○○ 2012년 봄, 둘째 딸이 죽은 지 올해로 5년이다. 벌써 그렇게 됐다. 봄이 오고 죽은 듯 잠자던 꽃이 또 깨어나면 쉰일곱의 황상기 씨는 늘 그랬던 것처럼 딸을 생각한다. 딸 유미가 죽은 것도 봄이 막 시작될 무렵이었다. 그날을 잊을 수 없다. 2007년 3월 6일, 딸의 나이 고작 스물셋이었다. 평생 택시운전을 하며 어렵게 살았지만 귀하게 여기며 키운 딸이었다.

○○ 딸의 병명은 급성골수성백혈병이었다. 백혈병 판정을 받은 지 1년도 안 돼 딸은 하얗게 말라갔다. 바스라질 것 같은 딸이 또 고열로 쓰러져, 그날은 수원의 아주대학교병원에 데리고 갔다가 강원도 속초에 있는 집으로 돌아오는 길이었다. 먼 길을 아비의 택시로 달렸다. 이천까지 왔을 때 유미는 덥다고 했다. 횡성쯤 왔을 때 유미의 숨이 가빠졌다. 운전을 하던 황상기 씨가 이

상한 기분에 뒷좌석을 돌아봤을 때 딸은 마지막 숨을 거두고 있었다. 아비는 죽은 딸을 뒷좌석에 태우고 울면서 택시를 몰아 집으로 돌아왔다.

○○ 젊은 나이에 갑자기 백혈병에 걸려 죽어버리다니, 아비는 딸의 죽음을 받아들일 수가 없었다. 백혈병은커녕 혈액과 관련한 질병을 앓은 사람 하나 없는 집안이다. 유미 역시 건강하고 건강한 아이였다. 그런 아이가 열아홉에 회사에 들어가 일하며 여기저기 아프기 시작하더니 스물한 살에 백혈병에 걸려 스물세 살에 죽었다. 억울했다. 어쩌다가 병에 걸리게 된 건지, 네가 왜 죽게 됐는지 밝혀주겠다고 딸에게 약속했다. 황상기 씨는 그날부터 투사가 됐다.

퐁당퐁당 라인의 비밀

○○ 삼남매 중 둘째인 유미는 상고에 진학한 뒤부터 "남동생 대학 학비는 내가 대겠다"고 말했다. 택시운전을 하는 아빠, 식당일을 나가는 엄마를 끔찍하게 걱정하는 착한 딸이었다. 유미는 고등학교 3년 내내 단 하루도 결석을 하지 않았다. 고등학교 3학년 때 딸은 대학 진학을 포기하고 삼성반도체 기흥공장에 입사했다. 동기 열 명과 함께 학교 추천을 받았다.

○○ 대기업에 입사하게 됐다며 동네 사람들도 축하 인사를 건넸다. 졸업도 하기 전, 동년배들은 수능을 치르기도 전인 2003년 10월, 유미는 입사를 위해 회사가 있는 수원으로 향했다. 황 씨는 속초터미널에서 딸에게 직접 수원행 버스표를 끊어주던 자신의 모습을 떠올렸다. 친구들과 함께 버스에 올라탄 딸은 밝게 손을 흔들었다. 그때를 생각하면 어리고 여린 딸을 사지로 몰아

넣었다는 죄책감과 미안함을 떨치기 힘들다. 그때 대학에 가라고 한번만 더 권했다면, 딸은 지금 살아 있을까?

○○ 유미는 회사에서 어떤 일을 하는지 구체적으로 말하진 않았다. 다만 반도체를 만드는 공정 중에 화학약품을 사용하는 일이라는 것만 대강 알았다. 딸이 죽은 뒤 딸의 근무자료를 수집하며 그 실체를 알게 됐다. 유미는 기흥공장 3라인에서 '디퓨전diffusion 및 세척 공정'을 담당했다. 이름은 그럴싸하지만 이 공정은 일명 '퐁당퐁당 공정'이라 불린다. 손으로 반도체 웨이퍼(wafer, 집적회로 제작에 쓰이는 얇고 둥근 실리콘판)를 약품에 넣었다 뺐다 하는 작업이다.

○○ 디퓨전 공정은 불산, 이온화수, 과산화수소, 황산암모늄 등 화학물질이 혼합된 액체에 웨이퍼를 수작업으로 담갔다 뺐다 반복해서 웨이퍼에 입혀져 있는 막질膜質을 세척하는 작업이다. 기계 한 대에 두 명이 붙어 앉아서 하루 종일 퐁당퐁당 손을 놀린다. 유미는 하얀 방진복을 입고 얇은 천으로 된 마스크에 고글 하나만 쓰고 이 일을 했다. 유미를 보호하기 위한 장비가 아니었다. 칩이라도 튈까, 웨이퍼를 보호하기 위한 장비들이었다.

○○ 입사 2년쯤 됐을 때부터 유미는 부모에게 "아프다"는 말을 하기 시작했다. 몸에 자꾸 멍이 들었고 먹으면 토했다. 일을 하다 보면 어지럽고 피부가 가렵기도 했다. 생리불순이 잦았다. 그런데도 체했나, 하며 손끝을 따보고는 또다시 일을 하며 살았다. 어지러워도 야근을 하고 새벽 출근을 했다. 회사 기숙사에서 생활하면서도 한 달에 한두 번씩 속초 집에 와서 집안일을 도왔던 유미는 가족들이 걱정할까봐 아픔을 참고 참다가 마지막에서야 털어놓았다.

○○ 하지만 때는 이미 늦었다. 2005년 5월 회사 근처 병원에 갔더니 "피가 이상하다"며 큰 병원에 가보라고 했다. 6월에 급성골수성백혈병 판정을 받

았다. 유미를 담당했던 의사는 소견서에 "본 급성백혈병은 그 원인을 정확하게 알 수는 없지만 본 환자에게서처럼 장기간의 화학물질 노출이 그 발병에 일정 부분 기여했을 가능성을 배제할 수 없다"고 적었다. 그해 12월에 골수이식 수술까지 받았지만, 이듬해 병은 재발했다. 그렇게 유미는 세상을 떠났다.

"10억을 줄 테니 삼성을 비판하지 마세요"

○○열아홉 살의 어린 나이에 유미는 무슨 약품 냄새를 맡아가며 일했던 걸까. 황상기 씨는 공장에서 사용한 약품과 유미가 앓은 병의 상관관계를 알고 싶었지만 아무런 자료도 찾을 수 없었다. 유미가 다루던 화학약품들이 어떤 것인지조차 회사는 답해주지 않았다. 딸이 죽은 뒤 황 씨는 딸처럼 병에 걸린 동료는 없는지 수소문하기 시작했다.

○○이미 수원에 있는 아주대병원에 입원해 있을 때에도, 딸과 같은 공장에서 엔지니어로 일하던 황민웅 씨가 급성림프구성백혈병으로 치료를 받고 있다는 사실을 확인했던 터였다. 남편과 같은 공장에서 일했다는 아내 정애정 씨는 어린아이들을 데리고 다니며 간병을 했다. 남편 황민웅 씨는 스물세 살이던 1997년 11월 기흥공장에 입사해 설비엔지니어로서 1라인과 5라인 설비의 유지·보수 등을 담당했다. 근무 7년 만인 2004년 10월 백혈병이 발병했고, 9개월 만에 세상을 떠났다.

○○황민웅 씨는 병원 무균실에서 치료를 받다가 세상을 떠났다. 때문에 마지막 순간까지 정애정 씨는 무균복을 입고 장갑을 낀 채 남편을 바라봐야 했다. 숨을 거두기 전에 마지막으로 포옹이라도, 입맞춤이라도, 맨손이라도 잡

아볼 수 있었다면…. 정애정 씨는 "백혈병은 세상에서 제일 나쁜 병"이라며 서럽게 울었다.

○○ 황상기 씨의 예상대로 유미 혼자만 죽은 게 아니었다. 사방으로 수소문한 결과 또다른 피해자들이 속속 드러났다. 딸과 같이 3라인에서 2인 1조로 일했던 최아무개 씨도 임신을 했다가 유산됐고, 후임으로 온 이숙영 씨도 백혈병으로 사망했다. 갈수록 유미의 병은 산업재해, 업무상 질병이라는 확신이 들었다.

○○ 회사는 산재를 강력히 부인했다. 장례식이 끝난 뒤 삼성 직원들이 찾아왔다. 바닷가에서 소주 한잔 하자고 해서 함께 횟집에 갔다. 직원들이 "아버님, 유미는 개인적인 질병이지 산업재해가 아닙니다"라고 말했다. 황상기 씨는 "왜 산업재해가 아니냐"며 욕까지 퍼붓고 일어나 나왔다. 이 직원들은 훗날 삼성 백혈병 산재 투쟁이 거세지자 황상기 씨를 찾아와 "10억 원을 줄 테니 삼성을 비판하지 말아 달라"는 제안까지 건넸다고 한다.

○○ 의혹을 품었지만 삼성을 상대로 혼자 싸우기엔 역부족이었다. 황상기 씨는 도움 받을 곳을 수소문하기 시작했다. 한평생 택시운전만 해온 그에게 그 모든 일은 생소했다. 무작정 언론사도 찾아가고 시민단체도 찾아간 끝에 경기민주노총 법률원에 소속되어 있던 이종란 노무사를 만났다. 2007년 9월이었다. 그와 함께 '반도체 노동자의 건강과 인권 지킴이 반올림(이하 반올림)'이란 단체를 만들었다. 포털사이트 '다음'에 카페를 개설하고 제보를 받기 시작했다. 거짓말처럼 피해자가 모여들었다. 2011년 3월까지 모여든 삼성전자 반도체 기흥공장과 온양공장의 백혈병 피해자만 74명이었다. 이중 26명이 사망했다.

산재 증거를 유족이 대라는 나라

○○ 2007년 6월 1일, 딸이 죽은 지 3개월 만에 황상기 씨는 근로복지공단에 산업재해보상보험 유족급여를 신청했다. 그때부터 반올림 사람들과 함께 삼성 본관 앞, 기흥공장 앞 등 전국을 돌아다니며 시위를 했다. 요구하는 것은 단 하나, 내 딸이 '일하다가 죽었다'는 사실을 인정해달라는 것이었다. 노동부에 삼성반도체 공장에 대한 실태조사도 요구했다. 1인 시위도, 삼성 본관 돌진도 무섭지 않았다. 그러다가 삼성의 경비직원이나 경찰에 질질 끌려나오기가 부지기수였다.

○○ 모든 정보를 회사가 독점하고 있는 상황에서 매사가 산재 피해자나 유족에게 불리했다. 그런데도 한국 사회는 산재라는 증거를 피해자나 유족에게 대라고 요구했다. 답답한 노릇이었다.

○○ 산재 판정을 위해 근로복지공단은 삼성반도체 공장에 대한 역학조사를 시작했다. 2007년 7월부터 11월까지 한국산업안전보건공단이 첫 번째 역학조사를 벌였다. 하지만 이미 황유미 씨가 근무하던 2년 전과 라인 시설은 달라져 있었다. 게다가 삼성과 사전에 약속을 하고 찾은 작업장은 더없이 정돈된 상태였다. 유미는 가족들에게 "근무 중 너무 더워 가끔 고글을 벗었다"고 했으나 조사단이 찾아간 공장의 온도는 무척 쾌적했다. 결국 2007년 12월 역학조사 평가위원회는 이번 역학조사만으로는 업무 연관성을 판정할 수 없다며, 우리나라 전체 반도체 노동자들의 림프조혈기계 암 발생 위험도를 평가하는 역학조사를 실시한 후 최종결론을 내리기로 했다.

○○ 한국산업안전보건공단은 2008년 3월부터 12월까지 여섯 개 회사, 아홉 개 반도체 사업장 및 협력업체를 조사했다. 두 번째 역학조사였다. 2008년

12월 29일 발표된 '반도체 제조공정 근로자의 건강실태 역학조사' 결과는 초라했다. 작업 현장에서 백혈병 유발 가능 물질인 벤젠, 전리방사선 등이 검출되지 않았거나 노출 기준을 초과하지 않았다고 했다. 이 조사 결과를 바탕으로 2009년 5월 근로복지공단은 황유미 씨의 산재 신청을 승인하지 않았다.

○○세 번째 역학조사 결과에서야 발암성 물질인 벤젠이 검출됐다는 결과가 나왔다. 2009년 10월, 서울대학교 산학협력단이 내놓은 '반도체 사업장 위험성 평가 자문 의견서'를 통해서다. 아이러니하게도 이 조사를 의뢰한 것은 삼성전자, 하이닉스, 앰코테크놀로지 등 반도체 제조 3사다. 이들은 국내 반도체 사업장의 작업환경 유해요인을 파악하기 위해 조사를 실시했다. 그 결과 삼성전자의 경우 반도체 제조공정에서 사용하는 감광제에 대한 여섯 건의 검사에서 모두 0.08~8.91ppm의 벤젠이 검출됐다. 회사는 이 보고서를 감췄다. 이를 김상희 민주당 의원과 홍희덕 민주노동당 의원이 입수해 국정감사에서 공개했다.

○○2010년 1월, 마침내 황상기 씨는 법원으로 갔다. 근로복지공단의 불승인 처분을 취소시켜달라는 행정소송이었다. 소송단은 노동분야 전문 변호사 세 명, 노무사 세 명이 '드림팀'을 이뤘다. 산업의학 전문의 겸 변호사인 박영만 단장, 금속노조 법률원 소속 박숙란 변호사, 법무법인 화우 박상훈 변호사, 민주노총 권동희 노무사, 노무법인 참터 충청지사 김민호 노무사, 반올림 활동가 이종란 노무사 등 여섯 명이었다.

○○2010년 4월, 백혈병 산재에 대한 논란이 커지자 위기감을 느낀 삼성이 반도체 공장을 기자들에게 공개하겠다고 나섰다. 황상기 씨를 비롯한 유족과 이종란 노무사를 비롯한 반올림 활동가들이 "우리도 공장 안에 들어가겠

다"고 나섰지만 삼성은 이를 거부했다. 반도체 공정에 대한 이해가 전무한 기자들이 우르르 공장을 한 바퀴 둘러보고 밥을 먹고 오는 견학 차원의 행사가 끝난 뒤, 삼성은 "다시 역학조사를 하겠다"고 밝혔다. 삼성은 미국의 컨설팅 회사인 '인바이론Environ'에 조사를 맡겼다. 이에 반올림 활동가들은 "인바이론은 그동안 담배회사인 필립모리스를 위해 간접흡연과 폐암의 연관성을 부정했으며, 베트남전 참전군인의 건강 문제가 고엽제와 무관하다는 결론을 내놓은 사기업"이라고 비판했다.

"아비가 약속을 지켰다, 유미야"

○○ 이런 상황에서 2010년 5월, 나는 삼성의 '환경수첩'을 입수했다. 삼성이 반도체 기흥공장 공정관리 엔지니어들에게 지급한 손바닥 크기의 녹색 수첩으로, 삼성 쪽은 이를 '기밀'로 분류해 회사 밖 유출을 금지해왔다. 환경수첩에는 각 공정별로 어떤 화학물질을 사용하는지 상세하게 적혀 있었다. 환경수첩에 기재된 네 쪽 분량의 '공정별 환경영향 인자' 목록에 나와 있는 화학물질들의 유해성을 전문가들에게 의뢰해 분석해봤다. 윤충식 서울대 보건대학원 교수, 최상준 대구가톨릭대 산업보건학과 교수, 박영만 산업전문의의 도움이 없었다면 불가능한 작업이었다.

○○ 분석 결과는 놀라웠다. 삼성전자 반도체 공장에서 트리클로로에틸렌 등 발암성 물질 6종과 자극성 위험물질 40여 종이 사용되는 것으로 확인됐다. '공정별 환경영향 인자' 목록에 공정별로 기재된 50여 개 화학물질과 가스 가운데 발암성 물질은 총 여섯 가지였다. 트리클로로에틸렌, 시너, 감광액,

디메틸아세트아미드, 아르신, 황산 등이다.

○○ 황유미 씨가 일했던 '디퓨전 및 세척 공정'에서 발암성 물질인 트리클로로에틸렌과 디메틸아세트아미드 등이 사용된 것으로 확인됐다. 트리클로로에틸렌은 백혈병, 비호지킨스림프종, 간암, 신장암, 뇌암, 유방암 등을 일으킬 수 있다. 디메틸아세트아미드도 발암성 물질로 불임, 유산, 호흡기 장애 등을 유발한다. 웨이퍼 내부에 미세한 가스 입자를 침투시키는 '이온 주입 공정'에서는 발암성 물질인 아르신이 쓰이는 것으로 드러났다. 아르신에 노출되면 빈혈, 두통 등의 증상이 나타나고 헤모글로빈 수치가 낮아진다. 피부가 불긋불긋해지고 황달, 쇼크, 폐부종, 급성순환장애, 간염 등을 일으킨다. 이 내용을 〈한겨레〉와 〈한겨레21〉을 통해 단독 보도했다.

○○ 상황은 빠르게 전개됐다. 〈한겨레〉 영문 뉴스 등을 통해 이 소식을 접한 유럽과 미국의 기관투자가들이 삼성반도체 백혈병 산재 논란과 관련해 집단적으로 진상규명을 요구하고 나섰다. 나는 세계 3대 기금운용사로 꼽히는 네덜란드 'APG자산운용'을 포함한 여덟 곳의 기관투자가(총 운용자산 470조 원)가 최지성 삼성전자 사장에게 보낸 '투자자 공동질의서'를 단독 입수했다. 외국계 기관투자가들이 한국 기업의 노동환경을 문제 삼으며 공동으로 질의에 나선 것은 처음이었다.

○○ 이들은 이날 '삼성전자의 노동환경 안전정책과 실행에 관한 리뷰'라는 제목의 질의서를 우편과 전자우편으로 삼성전자에 전달했다. 투자자들은 질의서를 통해 "우리는 투자를 대행하는 기관으로서 우리가 투자하는 회사의 환경 친화, 사회적 책임, 지배구조 건전성에 관해 주의 깊게 검토해야 할 의무가 있다"며 "삼성전자 출신 노동자들이 제기한 노동자의 건강과 작업환경

의 안전성 문제에 대해 심각한 의혹을 표명한다"고 밝혔다.

○○ '환경수첩' 등을 통해 드러난 근무환경의 문제는 황유미 씨와 같은 노동자들이 업무 중 발암성 물질에 노출돼 백혈병 등에 걸렸을 확률이 높다는 사실을 증명해주었다. 2011년 6월 23일, 법원은 드디어 황상기 씨의 손을 들어줬다. 서울행정법원 행정14부는 2인 1조로 일했던 황유미와 이숙영, 두 사람에 대해 업무상 재해를 인정했다. 하지만 황민웅 씨 등 나머지 여섯 명에 대해서는 증거 불충분으로 패소 판결을 내렸다.

○○ 법원의 판결과 전 세계적인 압박에도 불구하고 삼성은 법원 판결 며칠 뒤 인바이론을 내세워 기자회견을 열었다. 인바이론은 "사업장의 근무환경과 백혈병 유발과는 인과관계가 전혀 없다"는 간단한 결론을 내놨다. 삼성은 끝끝내 산재를 인정하지 않았다.

○○ 판결을 본 뒤 황상기 씨는 딸의 무덤을 찾아갔다. "아비가 약속을 지켰다, 유미야." 눈물이 났다. 백혈병으로 죽어간 삼성의 어린 노동자들은 대부분 100~130만 원의 월급을 받았다. 가난해서 그 월급을 포기할 수 없었고, 순진해서 공장과 기숙사만 오가며 하라는 대로 일만 했으며, 너무 착해서 아픈데도 아프다 말하지 못한 채 참고 살다가 죽었다. 딸의 그 마음을 알기에 황상기 씨는 여기서 싸움을 끝내지 않으려고 한다. 더 많은 피해자들이 산재 인정을 받을 수 있는 날까지 투쟁을 이어가려고 한다. 딸 유미의 5주기, 그가 다시 서울 강남의 거대한 삼성 본관 앞에 딸의 사진을 들고 선 까닭이다.

피자 배달원의 위험한 질주

"30분 안에 배달되죠?"

○○ 2010년에는 초겨울부터 눈이 오길 기다렸다. 눈이 오지 않길 바라는 사람들에 관한 기사를 쓰기 위해서였다. 얇고 미끄러운 바퀴 두 개로 굴러가는 오토바이로 피자를 배달하기 위해 전력 질주하는 사람, 피자 배달원들이었다. 눈이 오는 날 그들은 빙판이나 다름없는 골목길을 휘청거리며 달리다 미끄러지곤 했다. 그들의 이야기를 하고 싶었다.

○○ 당시 나는 여성, 청소년 등의 빈곤노동 문제에 관심을 갖고 여기저기를 기웃거리다가 한 피자회사의 노동조합에서 자료를 입수했다. 피자 배달을 하다가 일어나는 사고와 관련한 자료였다. 슬프게도 자료는 배달원이 얼마나 다쳤는지가 아닌 오토바이가 얼마나 고장 났는지, 몇 대나 보험 처리를 했는지만을 기록하고 있었다. 사고 처리 건수는 눈이 오는 계절에 가파르게 상

승했다. 오토바이와 함께 사람도 그만큼, 아니 그보다 더 많이 다쳤을 터다.

○○ 12월 14일, 눈이 오는 날 피자 배달원에 대한 기사를 〈한겨레〉에 실었다. 통계자료와 함께 열여덟 살 권아무개 군의 사연을 소개했다. 권 군은 당시 두 달 전 국내 유명 피자 체인의 배달원이 되어 네 시간 교육을 받고 현장에 투입됐다가 첫날 사고로 무릎을 다쳤다고 한다. 아르바이트 첫날, 권 군이 교육받은 것이라고는 "뜨겁게 배달하는 ○○피자 권아무개입니다"라고 전화를 받는 법과 "피자는 30분 안에 배달해야 한다"는 원칙뿐이었다.

○○ 주문이 들어오면 매장에서는 타이머를 눌러 배달 완료까지 30분 안에 처리하는지를 체크했다. 출근 첫날 피자를 배달하다가 오토바이가 미끄러지는 사고로 무릎을 10여 바늘 꿰맨 권 군은 그날로 일을 그만둬야 했다. 산업재해 신청은 엄두도 내지 못했다. "산재 신청을 하려면 점장님한테 말해야 할 텐데 엄두가 나지 않더라고요. 이 바닥에서 소문이 안 좋게 나면 다른 알바도 못 구하거든요." 그는 이렇게 말했다.

○○ 권 군이 일하던 체인점 배달원들은 대부분 10~20대 초반이다. 시급은 4,300~4,500원으로 최저임금 수준이다. 여기에 배달 한 건당 400원씩을 더 쳐준다. 더 많이 배달하면 더 많이 벌 수 있지만 사실 한 시간 안에 배달할 수 있는 건수는 거기서 거기다. 그래도 배달원들은 400원을 더 벌려고 오토바이 속도를 높이게 된다. 사고가 잦은 오토바이는 수리도 제대로 되어 있지 않아 덜덜거린다.

○○ 이들이 전력 질주를 하는 데는 다른 이유도 있다. 일부 대형 피자 체인점은 30분 안에 도착하지 못하면 고객에게 피자값을 할인해주거나 받지 않는다. 대신 손해액은 배달원에게 물린다. 권 군이 일하던 곳처럼 주문이 들어오

면 그 순간부터 타이머를 돌려 배달원의 성과를 측정하는 곳도 있다. 30분 배달제에 익숙해진 고객들도 배달이 늦어지면 배달원에게 짜증을 내기 일쑤다. 그것도 무섭다. '30분 안 빠른 배달'을 외치는 회사와 고객의 압박에 배달원들이 위험한 속도전에 내몰리고 있었다.

○○12월은 더 힘들다. 권 군은 "크리스마스와 연말 등으로 소비가 늘어나는 12월에는 배달 물량이 많아 '빨리빨리 하라'는 재촉이 더 심해진다"며 "특히 눈이 와서 길이 얼어붙으면 오토바이 타기가 너무 무섭다"고 말했다.

오토바이가 부서졌다, 몸은 더 크게 부서졌다

○○기사가 나간 직후 자료를 제공했던 피자회사의 노조 간부와 통화를 했다. 그는 한숨을 쉬며 현재 자기 회사 체인점 소속의 한 피자 배달원이 사고를 당해 혼수상태라는 이야기를 했다. 더이상의 사고를 막으려 기사를 썼지만 현실에서는 여전히 수많은 피자 배달원이 구르고, 미끄러지고, 다치고 있었다. 혼수상태에 빠졌다는 최아무개 씨를 수소문했다.

○○최 씨는 스물네 살의 대학교 4학년생으로, 주말에만 일하는 아르바이트생이었다. 그가 사고난 날은 기사가 나오기 이틀 전, 12월 12일 일요일이었다. 국내 대형 피자 체인의 구로공단점에서 5개월 동안 일해온 그는 그날 마지막 근무를 하던 중이었다. 지난 5개월 동안 주말마다 피자 배달을 하며 돈을 벌었다. 시급 4,500원, 배달 한 건당 400원이 추가됐다. 30분 안에 배달하지 못하면 점주는 급여에서 2,000원을 삭감했다. 그래도 "중국음식점이나 분식점 배달보다 피자 배달이 돈을 조금이나마 더 벌 수 있으니까 피자 배달

을 하겠다"고 최 씨는 누나에게 스치듯 이야기한 적이 있다.

○○ ㅎ대학교 4학년에 재학 중이던 그는 평일에는 학교를 다니고 주말이면 피자 배달원이 됐다. 오토바이를 타고 배달을 다니는 일이 위험하다고 걱정하실까봐 부모님께는 피자집 매장에서 서빙을 한다고 말해두었다. 그런 아들이 "오늘까지만 일한다"며 아르바이트를 하러 갔다가 혼수상태로 돌아왔다. 부모는 오열했다.

○○ 그날 최 씨는 서울 금천구 독산동의 한 횡단보도 앞에서 신호를 기다리고 있었다. 오늘이면 이 지긋지긋한 빨간 오토바이도 안녕이다, 그렇게 생각했을지도 모른다. 아무튼 30분 안에, 피자가 따끈따끈할 때 배달을 마친 뒤 재빨리 가게로 복귀해야 한다. 신호에 걸려 횡단보도에 서 있는데 마음이 바빴다. 신호가 바뀌자마자 속도를 냈다. 가속을 하는 순간 맞은편에서 달려오던 택시와 부딪혔다.

○○ 오토바이가 부서졌다. 최 씨의 몸은 더 크게 부서졌다. 뇌를 크게 다친 최 씨는 인근의 강남성심병원으로 이송됐다. 상태가 심각해 곧바로 응급수술에 들어갔으나 곧 뇌사 판정을 받았다. 소식을 듣고 달려온 부모와 누나는 눈을 뜨지 않는 그를 붙잡고 울다가 쓰러졌다. 피자 가게 점장이 와서 고개를 숙였다. 최 씨의 큰아버지는 "아이가 배달일을 시작할 때 안전교육이나 제대로 한 것이냐"며 가슴을 쳤다. 이제 와서 부질없는 말이었다. 학비를 보태겠다고 주말마다 놀지도 않고 아르바이트를 하던 착한 아들이었다. 추운 겨울, 오토바이로 속도를 내며 이 골목 저 골목 배달을 다니다가 차에 치어 죽은 아들이 부모는 너무나 불쌍하고 불쌍했다.

○○ 최 씨는 의식불명 상태로 열흘을 버텼다. 12월 21일 정오, 그는 조용히

숨을 거뒀다. 가슴속에 간직한 꿈을 꽃 피워보지도 못하고 아까운 청춘이 목숨을 잃었다. 비싼 대학 등록금과 어찌될지 알 수 없는 미래를 대비하려고 피자 배달에 나선 지 5개월 만에 사고를 당했다. 최저임금 수준의 월급을 받으며 피자가 식기 전에 배달을 하느라 오토바이 가속 페달을 밟다가 세상을 떠났다.

피자가 뜨거울수록 생명은 식어간다

○○최 씨가 숨을 거두기 전날인 20일 밤 10시, 이번에는 10대 피자 배달원이 사고를 당했다. 서울 은평구 갈현동에서 또다른 대형 피자업체 체인점 소속 배달원 이아무개 군이 몰던 오토바이가 버스와 충돌하고 말았다. 고등학교 2학년생인 이 군은 은평 뉴타운의 아파트 단지로 피자를 배달한 뒤 돌아오는 길에 사고를 당했다.

○○그는 며칠 전 새로 생긴 버스 전용차로를 알지 못하고 왕복 6차선 도로 위의 횡단보도에서 좌회전을 시도하다가 버스 전용차선으로 들어서던 버스에 치였다. 매장으로 빨리 돌아가려던 바쁜 마음이 오토바이와 함께 땅에 나뒹굴었다. 버스 앞부분이 찌그러졌고 오토바이는 폐차를 해야 할 정도로 구겨져버렸다.

○○그렇게 사고는 계속 발생해왔다. 그동안 너무나 많은 청춘들이 피자 배달을 하다가 다치고 죽어왔다. 기획 보도로 그 일부가 세상에 알려졌을 뿐이었다. "피자를 30분 안에 얼른 배달하라"며 세상이 가난한 피자 배달원들을 닦달했으니, 그들은 이리 뛰고 저리 뛰다가 다치거나 죽을 뿐이었다. 보도가

나가자, 사람들은 큰 충격에 휩싸였다. 늘 곁에 있지만 보이지 않고, 보지 않으려 했던 문제를 눈앞에 펼쳐놨기 때문이었다.

○○12월 23일에 숨진 최 씨의 발인식이 치러졌다. 최 씨의 어머니는 오열하다 쓰러졌고, 아버지는 말없이 눈물만 닦았다. 최 씨와 함께 일했던 동료 피자 배달원들도 옆에서 눈물을 훔쳤다.

○○최 씨의 사망 소식이 전해지면서 피자 배달원 등 배달 노동자의 열악한 근무환경을 개선해야 한다는 목소리가 터져나왔다. 최 씨의 발인이 진행되던 시각, 세대별 노동조합인 '청년유니온' 조합원들은 경기 과천시 고용노동부 청사 앞에서 '청년들의 생명을 식게 하는 30분 배달제 중단하라'는 내용의 기자회견을 열었다. 이 자리에는 배달 노동 경험이 있는 청년들도 참석했다. 김영경 청년유니온 위원장은 "청년들의 목숨을 담보로 이익을 챙기려는 업체와 이에 대한 대책 없이 모르쇠로 일관한 고용부에 책임이 있다"며 대책 마련을 촉구했다.

○○진보신당도 논평을 통해 "배달 노동자의 안전을 무시하는 피자업체의 '30분 안 배달', '빠른 배달' 서비스는 조속히 폐지돼야 한다"며 "고용부는 배달 노동자를 고용한 사업장에 대한 대대적인 안전 점검과 지침을 마련하라"고 요구했다. 이에 고용노동부가 "이번 달 안으로 국내 3대 대형 피자업체와 협력해 오토바이 배달 재해와 관련한 상세한 대책을 마련할 예정"이라며 "새해에는 서비스업 재해 발생 실태 조사와 관련한 연구 용역도 발주하겠다"고 밝혔다. 이듬해 고용노동부와 경찰청이 손을 잡고 피자 배달원의 오토바이 사고를 줄이기 위한 계도 활동에 나섰다.

빠름, 빠름, 빠름 – 배달은 계속된다

○○ '30분 배달제'를 가장 먼저 전면적으로 도입해 성공을 거뒀던 도미노피자의 경우 홈페이지에 팝업 안내문까지 띄워 〈한겨레〉 보도는 자신들과 상관이 없으며, 자신들은 피자 배달시 안전을 최우선으로 하고 있다고 발표했다. 미스터피자, 한국피자헛 등도 비슷한 태도를 보였다. 하지만 청년유니온의 피자회사 본사 앞 시위에 이어 정치권과 정부기관까지 30분 배달제 폐지를 요구하고 나서자 곧 태도를 달리했다.

○○ 국내 대형 피자 체인업체인 한국피자헛이 가장 먼저 30분 배달제를 폐지했다. 2011년 1월 7일 피자헛 노조는 "지난달 노사협의회를 열어 회사의 인사평가 항목 가운데 '주문한 메뉴는 30분 이내에 배달되었습니까'라는 질문을 삭제하기로 결정했다"며 "이로써 피자헛 배달원들이 시간 때문에 압박을 받는 일이 줄어들게 됐다"고 밝혔다.

○○ 피자헛의 발표 다음 날 청년유니온과 노동환경건강연구소 등 시민사회단체들은 서울 강남구 역삼동 도미노피자 본사 앞에서 기자회견을 열고 누리꾼 등의 서명이 담긴 '30분 배달제 폐지를 위한 공개서한'을 도미노피자 쪽에 전달했다. 공개서한에는 누리꾼 800여 명과 홍희덕 민주노동당 의원, 조국 서울대 교수, 공지영 작가, 배우 김여진 씨 등이 서명했다.

○○ 알고 보니 미국에서 시작된 도미노피자의 30분 배달제는 이미 미국과 유럽 등에서는 폐지된 제도였다. 피자 배달원의 안전성 논란 때문이었다. 도미노피자의 본사가 있는 미국에서는 1993년 배달원 사고를 이유로 제도가 폐지됐다. 유럽 안전보건국도 2006년 보고서를 통해 "유럽피자헛이 '배달이 늦더라도 절대 속도를 높이지 말라'고 배달 지침을 변경한 뒤, 피자 배달원

사고가 현저히 줄었다"고 밝힌 바 있다. 미국이나 유럽은 오토바이도 아닌 자동차로 배달을 한다. 그런데도 한국과 같은 국가에서는 오토바이로 배달을 하면서도 30분 배달제와 같은 위험천만한 제도를 유지해왔다니, 이런 것이 '인권 후진국'의 서러움인가 싶어 한숨이 절로 났다.

○○ 2011년 2월 21일, 마침내 한국도미노피자가 '30분 배달보증제'를 도입한 지 20년 만에 이를 폐지하기로 했다. 도미노피자는 홈페이지를 통해 "최근 30분 배달보증제에 대한 염려에 따라 심사숙고 끝에 오늘부터 30분 배달보증제를 폐지한다"고 밝혔다. 기사를 쓴 지 2개월 만에 나온 결정이었다.

○○ 30분제 폐지는 큰 성과였지만 허무한 것이기도 했다. 2012년 들어 일부 피자업체에서는 피자 배달 시간이 얼마나 걸렸는지가 인사평가 항목으로 슬그머니 부활했다는 소식도 들렸다. 여전히 너무나 많은 배달원들이 오토바이로 곡예운전을 하며 음식을 빨리 가져오라는 고객의 집으로 향한다. 올해도 어김없이 겨울은 오고, 눈은 내린다. 그리고 골목길마다 미끄러지고 넘어지는 청춘들이 여전히 있다.

(1-5)

3 0 3 03 030 8 282 82

도미NO!

빨리

빨리빨리빨리

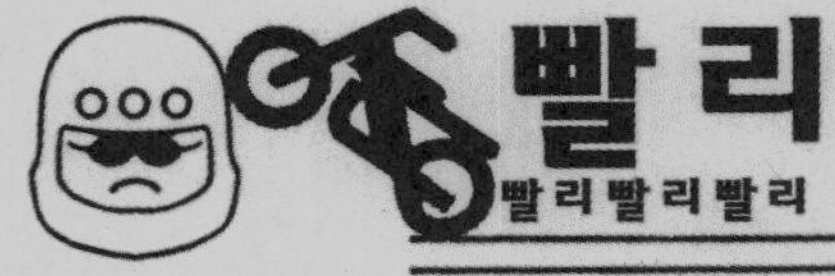

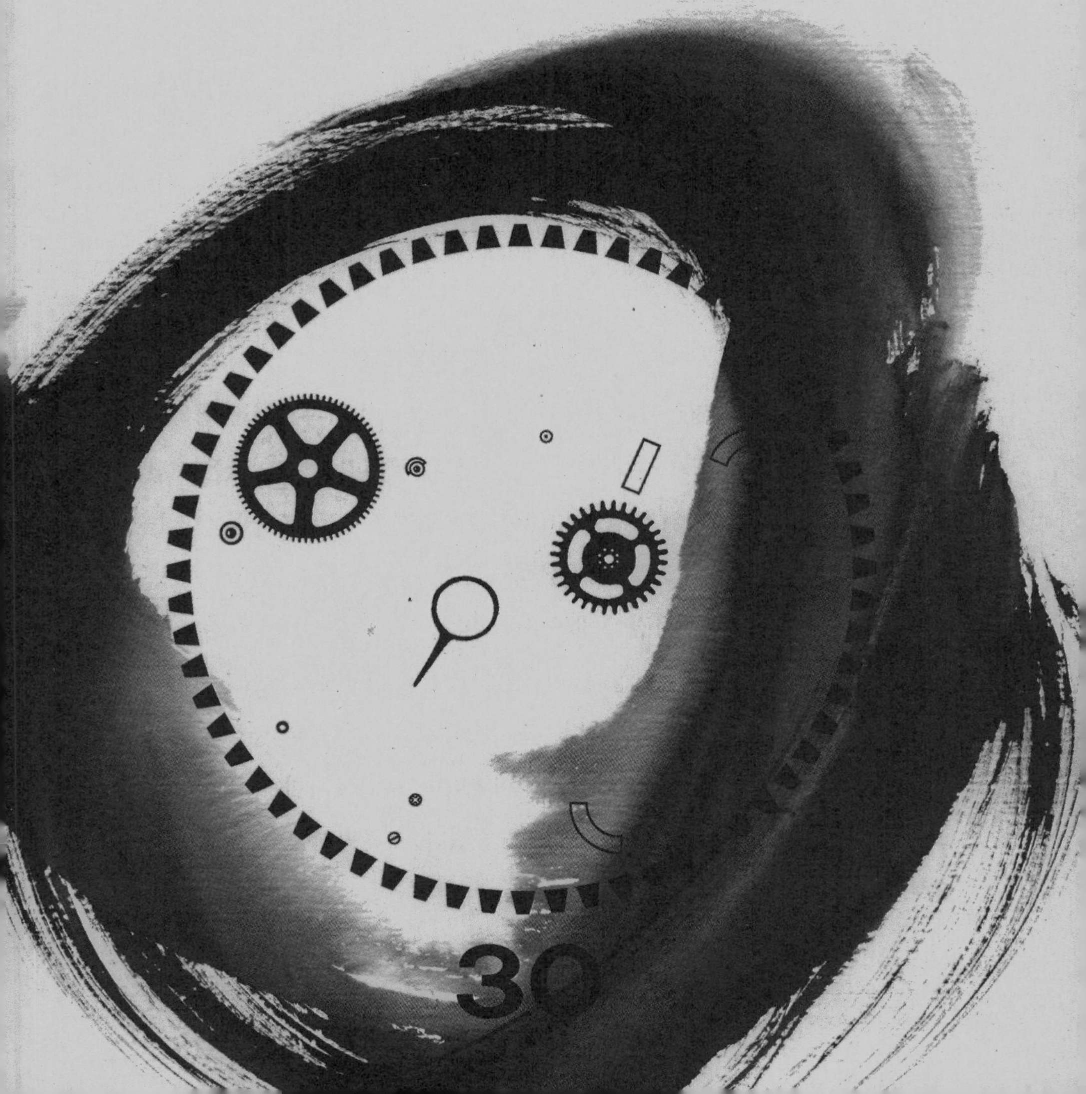

20년 된 20대 유골과의 만남

비로소 아들의 유골을 묻다

○○ 먼지 쌓인 나무 상자를 열자 길쭉길쭉한 사람의 뼈와 해골이 앙상하게 모습을 드러냈다. 경기도 마석 모란공원 납골당의 꼭대기 층까지 좁은 계단을 비집고 올라온 한 무리의 사람들이 유골 앞에 고개를 숙였다. 나무 상자는 오랜 시간 납골당 쪽의 배려로 화장을 하지 않은 채 납골함 위에 놓여 있었다. 스물여덟 청년 노동자 정경식 씨의 유골이다.

○○ 두 사람이 조심스레 유골 상자를 맞잡고 납골당 바깥으로 들고 나왔다. 건물 밖에는 입관식 준비가 한창이다. 수수한 나무 관에 깨끗한 창호지를 깔고 뒤섞여 있던 유골을 몸의 순서에 맞게 펴놓았다. 유골로나마 사람의 형체로 되돌아온 정 씨를 보며 사람들은 눈물을 훔쳤다. 오른팔뼈에는 죽기 전 수술로 박은 철심이 그대로 박혀 있다.

○○ 입관식을 차마 가까이서 지켜보지도 못하고 멀찌감치 있는 의자에 앉아서 허공만 바라보는 이가 있었다. 정 씨의 어머니인 일흔여덟의 김을선 씨였다. 아들이 온전히 관 속에 누워 관 뚜껑이 닫히고서야 김 씨는 휘청휘청 관 옆으로 다가갔다. "이제 우리 아들 언제 보노." 가슴속의 응어리를 토해내듯 어머니가 울었다. 입관식 행렬을 따라가며 맨 뒤에서 휘청휘청 울며 걸었다.

○○ 지난 23년간 수도 없이 아들의 모습을 꿈에서 봤다. 늘 비슷한 꿈이다. 시퍼런 칼을 들어 생선의 배를 가른다. 창자를 끄집어내다가 이상한 느낌에 고개를 들면 도마 너머로 아들이 서 있다. 대우중공업 작업복을 입고 목에는 출입증도 걸고 있다. "경식아…." 김 씨가 칼을 내려놓고 휘청휘청 아들에게 다가간다. 아들은 뒤로 물러난다. 젖은 눈이다. "어무이, 내가 우짜다가 이리 됐소?" 희미한 목소리가 귓가에 닿을 때쯤 아들의 모습은 사라진다.

○○ 멀어지는 아들을 붙잡아보려고 허우적댈 때면 장애가 있는 남편이 기어가서 물을 떠왔다. 남편은 젊은 시절 정미소에서 일하다가 쌀가마 더미에 깔리는 사고를 당한 뒤 일어서지 못한다. 김 씨는 어두운 방에 우두커니 앉아 있다가 새벽이 오면 함지를 이고 집을 나섰다. 경남 마산시 진동리의 집에서 함안 읍내까지 가서 생선을 팔았다. 생선을 손질할 때면 꿈에서 본 아들 생각에 눈가가 붉어졌다.

○○ "민주노조를 만들겠다"던 아들이 실종돼 유골로 발견된 지 23년 만에 어머니는 아들의 장례를 치렀다. 당시에는 아들의 말이 무슨 말인지도 몰랐던 어머니는 이제 "아들의 장례는 꼭 민주노동자장으로 치를 것"이라 말한다. 어머니의 뜻대로 9월 6일부터 3일간 '노동해방 열사 정경식 동지 전국민주노동자장'이 거행됐다. 비로소 아들의 유골이 땅에 묻혔다.

"내 아들 경식이를 내놓아라"

○○아들은 1987년 6월 8일 월요일에 사라졌다. 기숙사에 살며 공장에 다녔던 아들은 주말이면 집에 들러 부모 얼굴을 보고 갔다. 실종 전날에도 집에 왔었다. 어머니는 아들이 좋아하는 돼지불고기를 해주려고 평소보다 일찍 생선 노점을 접고 집에 돌아왔다. 하지만 아들은 시장에 가서 어머니를 만난 뒤 기숙사에 돌아갈 요량으로 집을 나선 후였다. 엇갈림이 아쉬워 어머니는 신문에 둘둘 싸인 돼지고기를 한참 쳐다봤다.

○○며칠 뒤 회사 동료로부터 "경식이가 회사에 며칠째 나오지 않는다"는 전화를 받았다. 회사를 찾아갔다. 대우중공업 창원공장 앞에서 "내 아들을 내놓으라"고 울부짖었다. 아무 대답이 없었다. 어머니는 대통령, 내무장관, 검찰총장, 창원경찰서장 등 보낼 수 있는 모든 곳에 진정서와 탄원서를 넣었다. 하지만 해를 넘기도록 아무런 소식이 없었다.

○○어머니는 거리로 나섰다. 1987년 7월부터 들불처럼 일어난 노동자대투쟁에 어머니는 아들의 사진을 들고 나섰다. 노동자들이 모이는 곳마다 달려가 "내 아들을 찾아달라"고 했다. 서울의 낯선 거리에서 밤을 새고 마산으로 돌아올 때면 온몸이 쑤시고 아팠다. 하지만 동네에서 "빨갱이 짓 한다"고 할까봐 앓지도 못했다. 어김없이 함지를 지고 생선을 팔러 나갔다.

○○해를 넘기도록 실종 조사는 진전이 없었다. 1988년 2월에 김석좌 신부를 위원장으로 하는 '대우중공업 정경식 실종사건 진상규명대책위원회'가 구성됐다. 평민당도 조사위원회를 구성해 창원공장을 방문했다. 그러다가 1988년 3월 2일, 창원공장에서 바라보이는 불모산에 산불이 났다. 화염 사이에서 유골이 발견됐다. 진화작업 중에 산불 감시원이 발견했다고 한다. 밤

나무 아래, 유골이 발견된 자리에는 아들의 회사 출입증과 소주병, 목을 맬 때 쓴 것으로 추정되는 끈 등이 함께 있었다. 모든 증거가 아들의 사인을 자살로 가리키고 있었다. 8월, 검찰은 정 씨가 자살했다고 결론지었다.

○○ 믿을 수가 없었다. 아들은 자살을 할 이유가 없었다. 누군가 정 씨의 죽음이 자살로 보이도록 조작했다는 의혹이 들불처럼 번졌다. 당시 문화방송의 교양 프로그램 〈인간시대〉는 "내 아들 경식아"란 제목으로 정경식 씨의 죽음과 의혹을 밝히려는 어머니의 사연을 방영했다. 프로그램이 방송된 뒤 진상규명을 요구하는 여론이 높아졌다. 하지만 마산지검은 1988년 8월 서둘러 이 사건을 자살로 결론짓고 사건 종결을 선언했다.

민주노조를 꿈꾸다 영원히 잠든 아들

○○ 어머니는 죽음의 진실을 밝히기 위해 백방으로 뛰어다녔다. 아들의 죽음을 파헤칠수록 아들의 삶과 가까워졌다. 아들이 무엇을 고민했는지, 어떤 일을 하며 어떤 꿈을 꿨는지 알게 됐다.

○○ 아들은 1984년 5월 대우중공업 창원2공장 특수생산부에 입사했다. 당시 대우중공업은 군에 장갑차를 납품하는 1급 방위산업체로서 보안사, 경찰 정보과, 안기부 요원 들이 상시적으로 보안감사를 위해 출입하는 사업장이었다. 1985년 아들은 드릴 교체작업을 하다가 오른팔이 드릴로 말려들어가는 사고를 당했다. 오른팔에 철심을 박는 수술 끝에 간신히 불구를 면했다.

○○ 퇴원을 한 뒤 아들의 눈빛이 달라져갔다. 회사로 복귀했지만 회사 쪽에서는 아들에게 "본인 부주의로 산재 사고가 났다"며 이전에 담당하던 업무

대신 기계가 가공하지 못하는 부분을 손으로 직접 깎아내는 수작업장에서 근무할 것을 지시했다. 수술 후에도 오른손 손가락이 잘 쥐어지지 않는 상태였던 아들은 "회사를 위해 열심히 일하다가 사고를 당했는데 수작업장에 배치한 것은 회사를 그만두라는 얘기"라며 분개했다.

○○ 1987년 2월, 회사와 노조가 임금동결에 합의하자 아들은 부쩍 '민주노조' 이야기를 했다. 노조가 회사 편에 서서 노동자의 입장을 대변하지 못하고 있다고 했다. 어머니는 '팔을 다쳐서 속상해서 그런가보다'라고 생각하며 아들을 다독였다. 임금동결에 항의하는 중식 거부 투쟁에 참여한 아들은 이후 민주노조의 탄생을 꿈꾸는 이들과 함께 노조 지부장 선거운동에 나섰다.

○○ 열한 명의 대의원 간선제로 치러지는 노조 지부장 선거는 민주파에 유리했다. 민주노조 쪽 대의원이 일곱 명이었기 때문이다. 하지만 결과는 6대 5로 사측 후보의 승리였다. 아들은 사측 후보에게 표를 던진 이들이 회사로부터 회유와 협박을 당했을 것이라 판단하고 이들을 찾아가서 따져 물었다. 이 과정에서 사측 후보 진영의 이아무개 씨와 몸싸움이 벌어졌다. 이 씨는 아들을 폭행죄로 경찰에 고소했다.

○○ 실종 당일, 아들은 "합의를 위해 이 씨를 만나러 간다"며 외출증을 끊었다. 그리고 다시는 돌아오지 못했다. 이 사실을 알게 된 어머니는 회사와 이 씨의 집으로 수차례 찾아가 진실을 말하라며 절규했다. 회사는 어머니를 폭력행위 등의 혐의로 마산지검에 고소했다. 1989년 7월부터 3개월간 마산교도소에 수감된 어머니는 징역 1년 6월에 집행유예 2년을 선고받고 풀려났다.

○○ 석방된 이후 어머니는 라면 박스에 넣어놓은 아들의 유골을 바라보며 식음을 전폐하고 눈물을 흘렸다. 보다 못한 전국민족민주유가족협의회의 전태

일 어머니, 박종철 아버지가 "이러다 사람 잡는다"며 유골을 가져다가 마석 모란공원 납골당에 임시로 보관하게 했다.

"올해부터는 비가 안 오겠지예"

○○ 1998년, 평민당 총재 시절 만난 적이 있는 김대중 후보가 대통령에 당선됐다는 소식을 들었을 때 어머니는 기쁨에 몸을 떨었다. "총재님, 이담에 대통령 되시면 꼭 우리 아들 진상규명 해주이소"란 말에 "꼭 진상규명 해드리겠습니다"라는 답을 들은 터였다. 이제 곧 대통령이 진상을 규명해줄 거라며 소문을 냈다. 그동안 냉담하던 대우중공업에서 사람을 보냈다. 1억 5000만 원을 합의금으로 제시했다.

○○ "자식을 팔아먹을 수 없다"며 어머니는 호통을 쳤다. 1999년 의문사 진상규명을 위한 특별법이 제정된다는 소식을 듣고 422일 동안 서울에서 지지농성을 했다. 삭발도 했다. 2000년, 드디어 대통령 소속 의문사진상규명위원회가 발족했다. 하지만 2002년의 1기 의문사위원회도, 2004년 2기 의문사위원회도 정경식 씨 사건에 대해 '진상규명 불능' 결정을 내놓았다.

○○ 위원회는 당시 정 씨가 국민의 자유와 권리를 신장시키는 민주화운동을 했다고 확인했다. 또한 사체 발견 현장에서 채취한 토양에서 동물성 단백질이 부패할 때 생성되는 아질산염, 암모늄염이 검출되지 않은 점, 목을 맨 것으로 추정되는 끈에서 혈흔이 발견되지 않은 점 등을 들어 다른 곳에서 죽은 뒤에 옮겨졌을 가능성을 제시했다. 하지만 그뿐이었다. 누가, 왜 죽인 것인지 진실은 규명되지 않았다. 진실화해위원회도 같은 결과를 내놓았다.

○○ 2010년 8월 23일, 민주화운동보상심의위원회는 '정경식을 민주화운동 관련자로 인정한다'는 결정을 내놨다. 진상을 규명해 범인을 지목할 수는 없지만 민주화운동 과정에서 사망했다는 것을 인정한 결과다. 물증은 없지만 타살됐다는 정황이 참작됐다. 하지만 이마저도 '민주화운동 기여도 80퍼센트'라는 단서가 붙었다. 어머니는 "이제 와서 80퍼센트니, 이런 식으로 말하는 게 무슨 소용이 있냐"며 울먹였다. 보상금은 기여도 비율만큼만 지급된다.

○○ 그래도 어머니는 이제 장례식을 치르기로 했다. "내가 죽기 전에 장례를 치러줘야 할 것 같아서"다. 아들은 어머니와 함께 고향 진동으로 돌아갔다가 솥발산 열사묘역에 묻혔다. "우리 경식이가 간 날, 그래 비가 많이 오더만, 해마다 그날만 되마 꼭 비가 오데예. 인자 초상 치고 땅에 잘 묻어주었은게네, 올해부터는 비가 안 오겠지예."

○○ 제대로 된 노조 하나 만들어보겠다고 젊음을 불사른 이들이 있었다. 세상이 많이 바뀐 듯하지만 20~30년 전 청춘들과 오늘의 청춘은 그 모습이 그리 다르지 않다. 민주노조가 만들어질까봐 노동자를 감시하는 대기업의 횡포는 여전히 곳곳에서 목격된다. 어용노조 밑에서 목소리 한번 내보지 못하고 부당한 노동환경을 감내하는 노동자들도 너무나 많다. 영세한 하청업체여서, 비정규직이어서 노조는 꿈도 못 꾼다는 이들도 있다. 20여 년 전 20대 노동자의 죽음이, 그 어머니의 눈물이 우리에게서 먼 이야기가 아닌 까닭이다.

2 경쟁의 끝은 어디인가

카이스트 학생들의 자살 도미노

어디서부터 잘못된 걸까

○○ 발길이 닿는 대로 걸었다. 정신을 차려보니 어린 시절 살던 동네다. 인천 남동구 만수동, 이곳에서 어린 시절 참 행복했다. 어디서부터 잘못된 걸까. 이제 겨우 대학교 2학년인데. 이 끝없는 절망감은 어디서 왔을까. 2011년 4월 7일 한낮, 열아홉 살의 박민식(가명) 씨는 동네에 있는 ㅇ아파트 102동으로 들어갔다. 엘리베이터를 타고 19층을 눌렀다.

○○ 오후 1시 20분, 102동 현관 앞을 지나던 요구르트 배달원이 바닥에 쓰러져 있는 민식 씨를 발견했다. 투신자살한 그는 머리 뒤쪽이 깨지고 팔다리가 모두 부러진 채 이미 숨을 거둔 상태였다. 민식 씨는 21층에서 옥상으로 올라가는 창문을 통해 몸을 던진 것으로 확인됐다. 21층 복도에서 그의 점퍼와 지갑이 발견됐다.

○○2011년 들어서만 3개월 사이, 네 번째 카이스트 학생의 자살이었다. 과학 영재들이 모이는 카이스트에 '죽음의 도미노'가 시작된 것은 지난 1월이다. 1월 8일 '로봇 영재'로 알려지며 입학사정관제 전형으로 입학한 전문계 고등학교 출신 조아무개 씨가 학교 캠퍼스에서 자살했다. 2월 20일에는 2학년인 김아무개 씨가 경기도 수원의 자택에서 자살했다. 3월 29일에는 4학년인 장아무개 씨가 서울 서초구 자택에서 자살했다. 그러고 나서 9일 만에 민식 씨가 죽었다.

○○로봇 영재 조 씨가 자살했을 때만 해도, 학교 수업을 따라가기 힘든 실업계 출신에 대해 배려하지 않는 카이스트의 학사 시스템이 문제로 떠올랐다. 하지만 뒤이어 과학고, 외고, 영재고 출신 학생들이 잇달아 자살하자 무한경쟁을 부추기는 카이스트의 교육 방식이 자살의 원인으로 지목됐다.

○○카이스트가 어디인가. 대한민국 최고의 영재들이 모인다는 대학교다. 중·고등학교 시절 최상위권 성적을 유지하던 학생들이 모여 국가에서 주는 장학금을 받아가며 공부하는 곳이다. 학벌 사회, 경쟁의 피라미드에서 최고 정점에 서 있는 이들이 잇달아 죽음을 선택한 이유는 무엇이었을까?

"매사에 의욕이 없어요. 시험도 포기했어요"

○○민식 씨의 빈소가 차려진 인천 주안동 ㄹ병원 장례식장에는 통곡 소리가 끊이지 않았다. 그의 부모는 물론 친척들까지 모두 "도저히 믿기지 않는다"며 울음을 멈추지 못했다. 어려서부터 공부를 잘해 늘 집안의 자랑이었던 민식 씨였다. 경찰의 전화를 받고 병원에 달려갔을 때만 해도 부모는 아들이 무

슨 사고를 당해 다친 줄로만 알았다. 응급실로 갔는데 그곳에서 시신 안치실로 가보라는 말을 듣고 부모는 한동안 멍하니 서 있었다. 부모는 아들의 주검을 차마 똑바로 보지 못했다.

○○카이스트 학생처장이 빈소로 찾아왔다. 민식 씨는 사망 전날 학교에 휴학계를 냈다. 중간고사를 치룬 직후에 휴학을 한 것이다. 그의 아버지는 경찰에서 "나도 일이 바빠 아들을 한 달에 한두 번밖에 못 보는 상황이라 왜 자살을 했는지 모르겠지만, 요즘에 성적이 많이 떨어져 상심한 것 같아 보였다"며 "학교에서 성적에 따라 등록금을 차등 납부하도록 한 것에 대해 고민을 많이 했다고 들었다"고 말했다.

○○민식 씨는 인천에서 중학교까지 다녔다. 학업 성적이 우수했던 그는 전국에서 과학 수재들이 모이는 부산의 한국과학영재학교를 졸업하고 카이스트에 진학했다. 인천에서 소문난 수재였던 그는 부산에서 부모와 떨어져 자신만큼 공부를 잘하는 친구들과 경쟁해야 했다. 카이스트에 들어가서는 상황이 더 엄혹해졌다. 영재들을 모아두고 학교는 잔인하게 상대평가를 실시했다. 1등 하는 것을 당연히 여기며 살아온 수재들이 학점 3.0을 넘기지 못해 허덕여야 했다. 자존심이 무너져 서로 성적 이야기를 하지도 못했다.

○○그 안에서 미치지 않으려고 민식 씨는 발버둥을 쳤다. 죽기 전 학교에 마련된 스트레스클리닉을 찾아 상담도 받았다. 그곳에서 그는 신경정신과 전문의에게 "매사에 의욕이 없어 공부할 수가 없습니다. 중간고사도 거의 포기했어요"라고 털어놨다. 하지만 결국 상담을 받고도 학기를 끝마치지 못하고 우울증 진단서를 제출한 뒤 휴학했다. 성적에 대한 압박감을 이기지 못했다.

영재팩토리

영재도토리

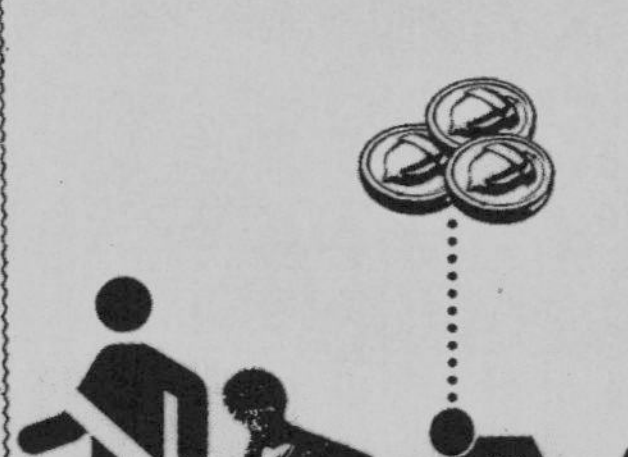

차등시스템

징벌시스템 ②

경쟁은 과연 교육의 답인가

○○ 카이스트는 2006년 서남표 총장이 취임한 뒤부터 '개혁'이란 이름으로 학생들을 적자생존식 무한경쟁에 내몰았다. 서 총장은 기존에 모든 학생들이 국가장학금을 받던 학교 시스템을 뜯어고쳐서 성적에 따라 납부액을 달리하는 '차등적 등록금제'를 도입했다. 또한 미국에서 유학한 그는 카이스트에 100퍼센트 영어 강의를 실시했다. 정년 보장 심사에서도 교수 열다섯 명을 탈락시키는 등 강도 높은 개혁을 추진했다.

○○ 그는 경쟁지상주의자였다. 고등학교 2학년이던 1954년에 미국으로 이민 간 그는 52년 동안 미국에서 거주하며 MIT, 카네기멜론대 등에서 기계공학을 전공했다. 그리고 MIT 학과장과 미 국립과학재단 부총재를 맡았다. 그는 민식 씨의 자살 이후 학교 홈페이지에 "우수한 학생들이 몰려 있는 일류대학의 경우, 개교 이래 학생들의 자살사건은 계속 있어왔다. … 무엇도 공짜로 얻을 수는 없다. … 미래의 성공을 위해 지금의 실패와 좌절을 받아들이는 자세가 필요하다"는 글을 올렸다. 그는 학생들의 자살을 '여린 철부지'들의 행동으로 치부했다.

○○ 학생들의 자살은 특히 시험 기간에 집중됐다. 민식 씨 직전에 죽음을 선택한 '세 번째 자살자'는 4학년에 재학 중이던 장아무개 씨였다. 군대를 제대하고 복학한 학기였다. 그는 중간고사 기간이던 3월 29일 서울 서초구 잠원동의 아파트 12층에 있는 자신의 방에서 창밖으로 몸을 던졌다. 그는 초등학교 때 조기 유학을 갔다가 한국에서 중·고등학교를 졸업한 뒤 카이스트로 통합된 한국정보통신대학교에 진학했다. 대학을 다니면서는 조울증을 앓았다.

○○ 중간고사 기간이었기 때문이었을까. 장 씨의 빈소에는 마지막 길을 배웅

해줄 친구들의 발길조차 뜸했다. 빈소를 찾은 한 카이스트 학생은 "친구가 조울증을 앓아왔다는 면만 부각이 되는데, 실제로는 서글서글한 성격에 동아리 활동도 몇 개나 하고 머리도 똑똑한 학생이었다"고 말했다. 그리고 "이번 죽음은 그 친구 개인의 문제가 아니라 경쟁 위주의 학교 시스템 때문이라고 생각한다"며 고개를 떨궜다.

○○학점이 등록금 액수와 직접 연결되고 우수한 학생끼리 상대평가를 실시하다 보니 학생들의 스트레스는 극에 달해 있었다. 게다가 영어로 강의를 들어야 하니 속 시원한 소통도 되지 않아 수업의 효율성이 매우 떨어질 수밖에 없었다. 때문에 중간고사나 기말고사에 자살을 생각할 정도로 극심한 심적 고통을 호소하는 이들이 늘어났다. 일부 학생들은 시험을 잘 못봤다는 생각이 들 경우, 아예 시험 기간에 휴학계를 내버린 뒤 그 학기를 포기하는 행동까지 서슴지 않았다. 민식 씨의 휴학계도 비슷한 맥락이었다.

학부모의 불안, 교수의 눈물

○○실제로 뒤늦게 아들의 휴학 사실을 알게 된 한 카이스트 학부모는 몸을 떨며 말했다. "네 번째로 자살한 카이스트 학생과 우리 아들의 인생행로가 너무 닮아 슬프고 무섭습니다." 맏아들이 카이스트에 재학 중인 학부모 배아무개 씨는 민식 씨와 자신의 아들이 같은 한국영재과학고 출신이라고 말했다. 동아리도 같았다. 중간고사 기간 막바지에 갑자기 우울증 진단서를 들고 와 휴학을 했던 민식 씨의 경우처럼, 그의 아들 역시 지난해 기말고사 기간에 부모와 한마디 상의 없이 병원 진단서를 끊어 휴학을 했다. "시험을 못봐 학

점이 잘 안 나올 것 같다"는 부담감 때문이었다.

○○배 씨는 "시험 기간에 병원 진단서를 첨부해 병가를 내면 해당 학기가 휴학한 것으로 처리되면서 시험 성적이 반영되지 않는다더라"며 "카이스트 학생들이 성적 압박을 견디다 못해 이 같은 방법까지 활용한다는 사실을 아들이 휴학하고 나서야 알았다"고 말했다. 그는 "아들이 2학년 때 (징벌적 등록금을 내야 하는 기준선인) 학점 3.0을 못 넘겨 징벌적 수업료를 내고 난 뒤 학점에 매달렸다"고 회상하며 "3년 내내 원서로만 공부해온 영재고 출신들마저 상대평가 시스템 속에서 엄청난 스트레스를 받고 있다"고 말했다.

○○배 씨는 "카이스트가 워낙 수재들이 모이는 학교다 보니 학생들끼리는 물론 학부모끼리도 자존심이 상해 속내를 털어놓지 못한다"고 안타까워했다. 그러면서 "이제라도 학생들이 힘들면 힘들다고 대자보라도 붙이고 학교 쪽도 대화에 나섰으면 좋겠다"고 덧붙였다.

○○교수들도 눈물을 흘렸다. 바이오 및 뇌공학과의 정재승 교수는 카이스트 학생이 세 번째로 스스로 목숨을 끊었던 3월 29일 자신의 트위터를 통해 "견디기 힘든 스트레스와 경쟁의 압력 속에서 삶의 지표를 잃은 학생들에게 교수로서 진심으로 미안한 마음"이라며 "학생들의 일탈과 실수에 돈을 매기는 부적절한 철학에 여러분을 내몰아 가슴이 참담하다"고 밝혔다.

"이 학교에서 우리는 행복하지 않다"

○○이에 좀처럼 집단행동에 나서지 않던 카이스트 학생들이 하나둘 일어서기 시작했다. 온라인 공간에서 카이스트 학생들이 차등 수업료제를 비롯해

경쟁에서 이겨야만 살아남을 수 있는 학내 분위기에 대해 한목소리로 성토하기 시작했다. 한 학생은 온라인 커뮤니티에 "나 역시 이 세계가 견디기 힘들고 고통스러워서 자퇴도 생각해보고 휴학 상담을 받기도 했다"며 "하지만 울면서 말리는 부모님을 보면서 용기를 내지 못했다"는 내용의 글을 올리기도 했다.

○○카이스트 총학생회는 "현재의 징벌적 등록금 제도로 인해 학생들의 학업 의욕이 더 떨어졌고, 학생들은 억지로 떠밀려 공부하고 있다"며 "창의적인 연구를 보장하던 학교가 이제는 맞춤형 인재를 찍어내는 영재 공장으로 전락했다"고 학교 쪽을 비판했다. 학생회관 옆에는 대자보가 붙었다.

> 올해만 세 명의 학우가 우리 곁을 떠났다. 무엇이 문제였는지는 자명하다. 성적에 따라 수업료를 차등 지급하는 미친 등록금 정책, 실패를 용납하지 않는 재수강 제도를 비롯한 서 총장의 무한경쟁, 신자유주의적 개혁 정책은 단순히 학업 부담을 가중시키는 데에 그치지 않고 말도 안되는 학내 분위기를 조성하고 있다. 우리는 학점 경쟁에서 밀려나면 패배자 소리를 들어야 하고 힘든 일이 있어도 서로 고민을 나눌 여유조차 없다. 이 학교에서 우리는 행복하지 않다.
>
> … 우리에게 학교는 컨베이어 벨트 위에 줄 세워놓고 네모난 틀에 억지로 몸을 끼워 맞추도록 강요한다. 숫자 몇 개가 사람을 평가하는 데 있어서 유일하고 절대적인 잣대가 되었고, 우리는 진리를 찾아 듣고 싶은 강의를 선택하기보다는 그저 학점 잘 주는 강의를 찾고 있다. 진리의 전당은 이제 여기 없다.

> 우리는 이런 학교를 원하지 않았다. 대다수 학교 구성원의 반대에도 총장은 독선으로 일관해왔고, 온갖 비민주적인 학칙들은 학우들의 목소리를 짓누르고 있다. … 총장은 당장 우리의 목소리에 귀를 기울여 이런 말도 안되는 무한경쟁, 신자유주의 정책을 폐기하라.

○○ 학생 네 명의 죽음으로 한동안 여론이 들끓었지만 결국 서 총장도 물러나지 않았고 학교도 그다지 변하지 않았다. 세상은 학생들의 생각보다 훨씬 더 질기고 단단했다. 경쟁 사회의 두껍고 높은 벽에 작은 균열조차 내기 어려웠다. 어린 시절 살던 동네를 내려다보며 민식 씨는 무슨 생각을 했을까? 죽도록 공부만 하다가 자유를 꿈꾸며 몸을 던져버린 청춘들의 목숨이 아까울 뿐이다.

강남 키드의 '묻지마 살인'

"처음 마주치는 사람을 죽이겠다"

12월 겨울밤은 길었다. 어두운 방안에는 모니터만 차갑게 빛을 뿜고 있다. 스물셋 박현식(가명) 씨의 눈동자는 몇 시간째 그 빛을 응시하고 있었다. 화면에는 격투기 게임인 〈블레이블루〉의 캐릭터들이 긴 칼을 사용해 현란한 공격을 펼치고 있다. 머릿속은 멍하지만 게임을 하는 손가락은 바쁘다. 벌써 몇 시간째인가, 아니 이런 생활이 몇 달째인가. 오늘이 며칠인지, 내가 누구인지조차 흐릿하다. 다만 모니터 속 세상에서 살아남기 위해 상대를 찔러 죽여야 한다는 목표만은 또렷하다.

새벽 6시 30분, 박 씨가 불현듯 몸을 일으켰다. 몸속에 알 수 없는 충동이 일렁였다. 부엌으로 가서 식칼을 하나 잡아들었다. 가족들은 자고 있다. 곧장 현관으로 가서 신발을 신었다. 아파트 현관문을 밀자 찬 공기가 훅 그의 몸에 밀려왔다. 그는 입고 있던 후드 티셔츠의 모자를 뒤집어쓰고 아직 동이 트지 않아 어두컴컴한 거리로 나섰다. "밖에 나가 처음 만나는 사람을 죽이겠다." 박 씨는 이 순간 그렇게 생각했다고 경찰에게 진술했다.

○○그 시각, 스물여섯의 김무영(가명) 씨는 이어폰을 귀에 꽂고 길을 걷고 있었다. 그는 일을 마치고 차가운 새벽 공기를 쐬며 집으로 걸어오는 이 길을 좋아했다. 친구들은 집도 먼데 택시를 타고 가라고 했지만, 그건 모르는 소리다. MP3에 있는 클래식 음악을 들으며 걷노라면 작업실에서 집까지 걸어오는 40분이 지루하지 않다. 중학교 친구들과 사업을 해보겠다고 작업실을 얻어 컴퓨터 작업을 시작한 이래로 새벽까지 일해야 하는 경우가 많아 피곤하긴 하지만, 집에 도착할 때쯤이면 정신이 맑아지곤 했다. 이제 집에 거의 다 왔다. 아파트 단지로 들어서려는데 후드를 뒤집어 쓴 남자가 그에게 다가왔다.

은둔형 외톨이? 게임 중독자?

○○2010년 12월 5일 새벽 6시 36분, 서울 서초구 잠원동 아파트 단지 한복판에서 '묻지마 살인사건'이 발생했다. 식칼을 집어들고 집 밖으로 나온 박현식 씨는 자신이 살던 ㅎ아파트 단지의 쪽문을 통해 옆 아파트 단지로 들어갔다. 그곳에서 30미터쯤 앞에 걸어가던 낯모르는 20대 청년, 김무영 씨를 칼로 찔렀다. 서로 모르는 사이였지만 알고 보면 한동네에서 자란 '강남 키드' 들이었다.

○○식칼을 숨기고 거리로 나서는 박 씨의 모습은 고스란히 아파트 단지 CCTV에 찍혔다. 범행 열흘 만에 박 씨는 경찰에 붙잡혔다. 경찰이 박 씨의

집으로 들이닥쳤을 때 그는 방구석에서 웅크리고 있었다. 박 씨의 책상 위에는 기하학적 그림과 뜻을 알 수 없는 영어가 잔뜩 적혀 있는 노트가 펼쳐져 있었다.

○○사건의 충격만큼이나 현장 검증도 소름끼쳤다. 사건 당시처럼 후드를 뒤집어 쓴 박 씨는 마치 자신이 게임 캐릭터가 된 양 칼을 휘두르는 동작을 세밀하게 재연했다. 칼을 든 오른손을 왼손으로 받쳐 들었다. 찌르는 힘이 더욱 묵직해졌을 터다. 그렇게 잡은 칼을 도망가려고 몸을 비튼 상대에게 세 번 정도 더 휘둘렀다. 상대가 쓰러지자 칼을 윗도리 소매 안쪽에 집어넣고 이번엔 아파트 단지의 담장을 뛰어넘어 집에 들어갔다. 발걸음 한번 휘청거리지 않았다.

○○비교적 안전하다고 여겨지던 강남의 아파트 단지 한복판에서 묻지마 살인사건이 발생하자 주민들은 크게 동요했다. 8학군 동네에서 강남 키드가 살인을 저지르고 또다른 강남 키드가 희생됐다는 사실에 온 동네가 충격에 빠졌다. 경찰은 박 씨가 게임에 중독된 나머지 살인까지 저지르게 됐다고 보도자료를 뿌렸다. 박 씨가 몇 년 동안 은둔형 외톨이 생활을 하며 게임 중독자로 살아왔다는 사실은 경찰의 입을 통해 언론에 보도됐다.

처절한 열패감에 방으로 숨어들다

○○취재를 하면 할수록 이번 사건이 단순한 게임 중독에 의해 벌어진 것이라 정의하기 어렵다는 생각이 들었다. 그렇다면 박 씨는 왜 게임 중독에 빠져들었는가. 왜 집 밖으로 나오길 거부한 채 살아갔을까. 박 씨의 친구들을 통

해 그가 "고등학교 3학년 때 반장을 할 정도로 활달했다"는 이야기를 들었다. 친구들은 "친구를 살인자로 만든 것은 이 사회"라고 입을 모았다. 왜일까?

○○5년 전만 해도 박 씨는 서울 강남의 명문인 ㅅ고등학교 3학년에 재학 중이었다. 반장인 그는 활달한 성격으로 친구도 많았다. 성적도 괜찮은 편이었다. 박 씨가 고등학교 시절 가장 잘 받은 등수는 전교 7등이었다. 하지만 늘 그렇지는 못했다. 중상위권 성적을 오락가락하던 박 씨는 명문대에 진학해야 한다는 스트레스를 심하게 받았다. 교육열이 심한 지역인 강남에 있는 명문 학교이니만큼 고등학교 3학년 교실에는 늘 터질 듯한 경쟁의식이 자리 잡고 있었다. 한 친구는 "당시 모든 아이들이 대학 진학에 심하게 스트레스를 받았지만, 현식이의 경우 부모님이 압박을 해서인지 유독 더 압박감에 힘들어 했던 것으로 기억한다"고 말했다.

○○박 씨는 밤늦게까지 학교, 집, 학원을 오가며 공부에만 매달렸다. 당시 학생들 사이에 유행하던 온라인 게임인 스타크래프트마저 단 한 번도 해보지 않았다. 컴퓨터 게임 같은 것은 거들떠도 보지 않았다. 공부를 하고 시험 성적을 올리고 좋은 등수를 받아 명문대에 진학하는 것만 바라고 또 바랐다.

○○수학능력 시험을 치른 뒤 박 씨는 좌절했다. 소위 '스카이(서울대, 연세대, 고려대)'에 진학할 수 없는 점수를 받은 것이다. 그렇다고 해도 아주 나쁜 점수는 아니었다. 박 씨는 서울 소재 대학의 법대에 4년 장학생으로 합격했다. 그러나 박 씨는 결국 입학을 포기했다. 명문대가 아닌 이상 창피해서 대학을 다닐 수 없다는 판단에서였다. 이 과정에서 박 씨는 명문대 입학에 실패한 자신의 처지를 비관하며 괴로워했다고 한다.

○○박 씨는 결국 미국 유학을 선택했다. 미국 동부에 있는 명문대학인 뉴욕주립대 심리학과에 입학 허가를 받고 홀로 미국으로 떠났다. 하지만 한국에서 좌절감을 안고 떠나 시작한 미국생활은 쉽지 않았다. 미국의 대학 공부도 따라가기 힘들었다. 박 씨는 전쟁터에 홀로 버려진 것 같은 외로움과 더 큰 좌절감을 느꼈다. 그는 자신의 뒤를 이어 유학을 온 친구를 "전우"라고 불렀다.

○○미국에서 박 씨가 '전우'에게 털어놓은 심정은 패배감과 분노로 가득 차 있었다. 그는 "친구들은 다들 스카이를 갔는데 나만 못 갔다"며 괴로워했다. "미국에 와서는 아무리 노력해도 F학점을 받는다"며 "이제는 공부가 정말 싫다"고 말했다. "외롭다"고도 했다. 갈수록 박 씨의 성적은 곤두박질쳤고, 미국에 있는 자신의 방에서 밖으로 나오는 것조차 두려워하는 지경에 이르렀다. 이 사실을 안 박 씨의 가족이 사건 발생 1년 반 전인 2009년 7월 허둥지둥 미국으로 가서 그를 한국으로 데리고 돌아왔다. 귀한 아들의 변해버린 모습에 부모는 가슴을 쳤다.

○○한국에 돌아온 박 씨는 어떤 친구에게도 연락을 하지 않았다. 몇 년 만에 돌아온 한국이지만 집 밖에는 한 발자국도 나가지 않았다. 담배를 사기 위해 아주 가끔 집 앞 가게에 다녀올 뿐이었다. 그는 곧 키보드와 마우스를 잡았다. 하루 종일 컴퓨터 게임에 몰두하는 날이 이어졌다. 친구들은 그런 박 씨의 행동이 이해가 간다고 했다. "한국에서도 실패했는데 미국에서까지 실패하고 돌아왔다는 사실이 창피해 친구들에게 연락도 못 했을 것"이라 했다.

○○한국에 돌아온 줄도 몰랐던 친구가 살인자가 됐다는 소식에 박 씨의 친구들은 망연자실했다. "사회가 아이들을 늘 서열화하니까 열등감이 생길 수밖에 없죠. 뒤쳐지는 사람은 자포자기하게 되잖아요. 강남 아이들은 훨씬 심

하죠. 다른 이들에 비해 그렇게 뒤처진 것도 아닌데 말이죠. 친구도 벌을 받아야 하지만, 경쟁만 부추기는 사회도 반성을 해야 한다고 생각합니다." 친구들은 굳은 얼굴로 말했다.

잔인한 입시, 10대의 마음을 할퀴다

○○박 씨의 스토리를 담아 '괴물이 된 강남 키드' 기사를 내보내자, 이번에는 피해자인 김 씨 유족들이 반발했다. "왜 가해자를 미화하느냐"는 항의였다. 갑작스레 외동아들을 잃은 부모를 그 어떤 말로 위로할 수 있겠는가. 서울 강남의 한 호텔 커피숍에서 피해자 김 씨의 아버지를 만났다. 아버지는 아들 김 씨의 노트를 가져왔다. 노트에는 시와 그림이 빼곡했다.

○○아들은 대학 입시에 연거푸 실패한 뒤 의기소침해하다가 중학교 친구 등 동네 친구들과 함께 사업을 해보려고 하던 참이었다. 아들의 대입을 위해 지원을 아끼지 않아왔던 부모는 이제 아들이 무엇이 됐든 자신 있게 세상에 나서주기만을 응원하고 있었다. 부모는 아들이 어떤 일을 하는지, 무슨 생각을 하는지는 뚜렷이 알 수 없었다. 그러던 어느 날 자식이 죽어버린 것이다.

○○죽은 아들의 옷에서 신춘문예 접수처 주소가 적힌 쪽지가 발견됐다. 부모가 몰랐던 아들의 또다른 꿈이었던 모양이다. 아버지는 "음악과 그림과 시를 사랑한 우리 외동아들이 꿈도 펴보지 못하고 죽었다"며 "아들의 못 다 이룬 꿈을 위해 가족들이 유고 시집을 내려고 한다"며 한숨을 쉬었다.

○○오늘도 강남 8학군에는 수많은 10대들이 숨이 턱에 차도록 버거운 레이스를 펼치고 있다. 엄마 배 속에서부터 영어로 태교를 하고, 유치원에서부터

선행학습으로 경쟁을 시작한다. 초등학생이 성적 스트레스로 탈모에 시달리고 중학생이 시험 기간에 자살을 하기도 한다. 고등학생이 되면 인간이길 포기한 채 새벽까지 공부에 매달린다. 강남 지역에서 수백만 원의 사교육비는 더이상 놀랍지도 않다. 명문 학교일수록 내신 경쟁은 더욱 치열하다. 옆자리의 친구를 짓밟고 이겨야만 내가 살 수 있다. 명문대에 진학하지 못한다는 것은 나의 창피함을 넘어 부모의 수치다. 물러설 곳이 없다.

○○그리하여 경쟁에 지친 수많은 10대들은 마음의 문을 닫고 방으로 숨어든다. 어차피 놀이터에 가도 함께 놀 친구가 없다. 아이들은 과격하고 자극적인 컴퓨터 게임에 쉽게 빠져든다. 게임 속 세상은 잠시나마 현실의 고단함을 잊게 해준다. 마음껏 죽이고 마음껏 이기며 쾌감을 맛본다. 이들이 범죄를 저지를 때면 세상은 이들이 게임 중독이었다는 사실에만 집중한다. 세상이 문제가 아니라 게임이 문제라는 식이니, 세상은 좀처럼 바뀌지 않는다.

○○경찰에서 박 씨는 "몇 년 전으로 돌아가고 싶다"고 말했다. "예전에는 공부를 잘했었다"는 말도 여러 번 했다. 무엇이 그를 망쳐놨을까? 공부, 성적, 명문대, 경쟁, 성공, 실패. 일그러진 강남 키드의 모습이었다.

강남

공부 감옥에 갇힌 세 자매

그들은 아빠로부터 도망쳤다

○○ "씨발년아, 어디를 싸돌아다녀!" 열쇠로 현관문을 열자마자 천둥 같은 소리가 난다. 불 꺼진 실내에 푸릇한 형광등을 손에 들고 아빠가 서 있다. 외출하고 돌아온 서진(가명) 씨를 향해 욕설을 내뱉으며 흥분한 아빠가 들고 있던 형광등을 깼다. 깨진 형광등의 날카로운 모서리로 서진 씨의 배를 찔렀다. 서진 씨는 비명도 못 지른 채 꺽꺽 눈물을 흘렸다.

○○ 울다가 잠에서 깨어난다. 꿈이다. 여기는 쉼터. 옆에서 잠을 자는 동생들의 숨소리가 들린다. 서진 씨는 두 여동생이 깨지 않게 소리 죽여 좀더 운다. 자주 반복되는 일이다.

○○ 세 자매와 함께 가출하기 전 엄마의 눈빛은 늘 흐릿했다. 스물한 살의 서진 씨는 자발적으로 무언가 결정하고 행동에 옮기며 눈빛을 빛내는 엄마의

모습을 본 적이 없다. 무기력한 엄마의 눈빛, 표정, 행동은 고스란히 집안 곳곳에 배였다. 서진 씨와 두 여동생은 엄마로부터 예쁜 얼굴과 함께 무기력까지 물려받았다. 깊은 늪에 빠진 것처럼 대물림된 무기력을 떨치기는 너무도 어려웠다.

○○그런 서진 씨가 엄마와 두 동생의 손을 잡고 가출을 결심한 것은 기적과 같은 일이었다. 그 손을 뿌리치지 않고 조용히 짐을 싸서 딸의 뒤를 따른 것도 엄마에겐 큰 용기였다. 서진 씨 가족은 2011년 3월 집을 나와 서울의 한 가정폭력 피해여성 쉼터에 정착했다. 그들은 아빠로부터 도망쳤다. 아빠는 20여 년 동안 네 여자를 지배한 폭군이었다. 도망치고도, 보이지 않는 아빠는 공포의 대상이었다. 네 여자는 아빠가 언제 찾아올지 모른다는 두려움 속에서 하루하루를 살아가고 있었다.

'먹물' 아빠의 도를 넘은 폭력

○○올해로 마흔다섯 살의 서진 씨 엄마는 시골에서 가난하게 살다가 네 살 연상의 남편을 만났다. 당시 남편은 군인이었다. 서울의 4년제 대학을 나와 장교로 군 복무 중인 남편이 듬직해보였다. 군대에서 휴가를 나올 때마다 만났으니 자주 만나지는 못했다. 1년 6개월의 연애 끝에 결혼했다. 똑똑하고 성실한 남편과 아름다운 미래를 꿈꿨다.

○○함이 들어오던 날, 만취 상태에서 술병을 깨는 남편의 모습을 처음 봤다. 결혼 뒤 얼굴에 멍이 가실 날이 없었다. 아이를 낳으면 달라질 거라 믿고 내리 딸 셋을 낳았다. 하지만 남편의 폭력은 해가 갈수록 더해졌다. 한번은 생

후 4개월 된 서진 씨가 울음을 그치지 않는다며 목을 졸랐다. 어느 해부터인가 남편은 가족에게 칼까지 휘두르며 차마 입에 담지 못할 욕설을 하기 시작했다. 엄마는 모든 폭력을 고스란히 받아내며 그저 말없이 집안의 칼을 모두 숨겨둘 뿐이었다.

○○ 젊은 시절 아빠의 꿈은 기자였다고 했다. 실제로 언론사 입사 시험에 도전해본 적이 있는지는 알 수 없다. 군 복무를 하던 중 아빠가 장교로 있는 부대에서 인명사고가 났다고 한다. 아빠는 자신이 그 책임을 져야 했다며 그로 인해 더이상 기자가 되는 것을 꿈꿀 수 없게 됐다고 입버릇처럼 말했다. 그리고 그 모든 불운이 자신이 결혼을 잘못해서 생긴 일이라고 믿었다. 술에 취해 엄마를 때릴 때마다 아빠는 "너 때문에 내 인생 망쳤어"라며 욕설을 퍼부었다. 자신은 잘났는데 못난 부인과 결혼해서 인생을 망쳤다는 식이었다. 그렇게 아빠는 모든 일에 남 탓을 했다. 잘난 척을 하며 남을 무시했다.

○○ 대위로 제대를 한 뒤 아빠는 동네 보습학원을 전전하며 중·고등학생을 상대로 영어를 가르쳤다. 집에서도 과외 교습을 했다. 하지만 문제를 못 풀면 "목을 잘라버리겠다"며 욕설을 해대는 폭력적인 아빠를 학생들은 따르지 않았다. 한 학원에서 오래 근무하지 못했고 과외도 오래 버티는 학생이 없었다. 그럴수록 아빠는 세 딸에게 "학교 친구들을 과외 학생으로 소개하라"고 압박했다. 과외할 학생을 '물어오지' 못하는 딸에게는 심한 욕설을 퍼부었다. 초등학생, 중학생에 불과한 딸들은 탈모까지 겪으며 극심한 스트레스에 시달렸다.

○○ 상황은 갈수록 악화됐다. 서진 씨가 중학교를 졸업하던 무렵, 동네 학원도 그만둔 아빠에게 남은 건 달랑 한 명의 과외 학생이었다. 그렇게 번 20만

원이 가족 한 달 수입의 전부였다. "왜 친구들을 과외 학생으로 소개해주지 않는 거야"라며 딸들을 탓하던 아빠는 아내에게 "가정 경제가 어려우니 나가서 몸이라도 팔아라"라고 요구하는 지경에 이르렀다. 아빠는 미쳐가고 있었다.

"야, 문제집 들고 나와봐"

○○결국 어려워진 가정 형편을 이유로 아빠는 딸들의 고등학교 진학을 막았다. "내가 공부 가르쳐주면 되니까 학교 안 다녀도 돼." 아빠의 말에 누구도 맞서지 못했다. 서진 씨도, 열여섯 살의 동생 미진(가명)이도 중학교를 졸업한 뒤 고등학교에 가지 못했다. 그때부터였다. 이들은 아빠의 '공부 감옥'에 갇혔다. 아빠는 딸들의 공부에 집착하기 시작했다. 하루 종일 집에 갇혀 공부해야 하는 날이 이어졌다. 창살은 없지만 도망칠 수도, 숨을 쉴 수도 없는 지옥이었다.

○○서진 씨는 끔찍했던 일상을 되돌아봤다. 밤새 악몽에 시달리다 아침에 눈을 뜬다. 거실에서는 아빠가 켜놓은 텔레비전 소리가 들린다. 몸이라도 팔라는 말에 집 밖으로 내몰린 엄마는 보험회사 설계사가 됐다. 엄마는 출근했고 두 동생은 학교에 갔으니 집에는 아빠와 서진 씨, 둘 뿐이다. 문 밖으로 나가기가 죽기보다 싫다.

○○힘없이 방문을 열고 나선다. 소파에 앉은 아빠의 날카로운 시선이 느껴진다. 세수를 하고 아침 밥상을 차려 아빠를 마주보고 밥을 넘긴다. 밥상을 치우고 방에 들어가 각 과목별로, 문제집별로 아빠가 정해놓은 진도에 맞춰

문제풀이를 한다. '친구들은 학교에 모여 있겠지' 싶지만, 딴 생각을 할 여유도 별로 없다. "야, 문제집 들고 나와봐!" 언제든 아빠가 부르면 거실로 나가 시험을 봐야 한다. 하루 종일 별다른 할 일이 없는 아빠는 자주 진도를 체크한다. "공부를 하는 거야, 마는 거야!" 시험 결과가 좋든 나쁘든 대부분 욕설을 듣거나 맞는다. 문제집을 들고 거실로 나와 아빠 앞에 앉을 때면 가슴이 답답하고 손이 떨린다.

○○ 점심시간이 되면 또다시 점심 밥상을 차려 아빠와 함께 먹는다. 밥상을 치우고 다시 방에 들어가 공부를 한다. 친구를 만나기 위해 외출한 적은 있느냐는 질문에 서진 씨는 한참을 생각하다가 "1년에… 두 번쯤은 있었던 것 같아요"라고 대답했다. 아빠는 서진 씨가 외출하는 것을 극도로 싫어했다. "친구를 못 만나는 건 그래도 참을 만했어요. 그런데 아빠랑 공부하는 게 너무 힘들었어요"라며 서진 씨는 눈물을 후드득 떨어뜨렸다.

○○ 서진 씨의 공부 감옥이 4년째 됐을 때 중학교를 졸업하게 된 동생 미진이가 합류했다. 마음이 약한 미진이는 아빠와 공부하는 일에 극심한 공포를 느꼈다. "미진이, 이리 나와봐!" 아빠의 목소리가 들리면 온몸을 떨었다. 어느 날엔가는 아빠가 낸 문제를 풀다가 기절하기도 했다. 스트레스로 온몸에 열이 났다. 머리카락이 한움큼씩 빠지기 시작했다.

○○ 대학을 가면 이 고통이 끝날까, 싶었지만 공부 감옥을 벗어날 날은 멀기만 했다. 엘리트 의식에 사로잡힌 아빠는 서진 씨에게 의과대학에 진학해 의사가 되어야 한다고 했다. 어려서부터 화가가 꿈이었던 서진 씨는 그 꿈을 비밀처럼 가슴에만 품어야 했다. 의대에 갈 점수가 나올 때까지 서진 씨는 대입 수학능력 시험을 봐야 했다. 검정고시로 고졸 자격을 취득한 이후 내리 4년

동안 수능을 쳤다. 점수는 좋지 않았고 아빠의 폭력은 더욱 심해졌다.

○○ 세 자매 중 유일하게 학교에 다니고 있는 초등학생 수진(가명)이는 "집에서 아빠랑 공부하는 언니들이 너무 불쌍했어요"라며 눈물을 뚝뚝 흘렸다. 너무나도 예쁘게 생긴 수진이는 방글방글 웃는 얼굴 뒤로 상처를 숨겼다. 학교가 끝나고 현관문을 열면 매일같이 엄마나 언니에게 속삭이는 목소리로 "아빠는 오늘 어때?"라고 묻는다. "괜찮아"라는 답을 듣고서야 큰 목소리로 "다녀왔습니다"라고 말하며 집에 들어선다. 서진 씨 엄마는 "거짓으로 밝은 척하는 막내를 보며 모두 마음의 병이 들어 있다는 생각에 견딜 수가 없었다"고 말했다.

차라리 냉혹한 세상이 아빠보다 낫다

○○ 자기 혼자 공부 감옥에 시달릴 때는 용기를 내지 못했던 서진 씨는 공부를 하다가 기절하는 동생 미진이, 그리고 눈치를 보며 거짓 웃음을 짓는 막내 수진이를 보며 결심했다. "엄마, 우리 이 집에서 나가서 다른 곳에서 살아볼까요?" 고단한 하루를 마치고 돌아와 아빠에게 시달리다가 멍하니 앉아 있는 엄마에게 다가가 물었다. 별다른 대답을 하지 못하는 엄마를 대신해 서진 씨는 네 여자의 가방을 쌌다. 무기력한 엄마의 팔뚝을 붙잡고 두 동생을 앞세우고 집을 나섰다.

○○ 여기저기 수소문해서 찾아낸 가정폭력 피해여성 쉼터에서는 6개월 정도 머무를 수 있다고 했다. 네 여자가 한 방에 누워 맞이했던 첫날 밤을 잊을 수가 없다. '아빠가 우릴 찾아내면 어떻게 하지? 지금쯤 가출 사실을 알고 길길

이 날뛰고 있을 텐데. 걸리면 우리는 맞아 죽을지도 몰라.' 네 명 모두 불안함에 몸을 떨었다. 그래도 아무도 입을 열지 않았다. 한 치 앞도 알 수 없는 깜깜한 밤이었다.

○○ 쉼터 원장은 "서진 씨가 독려해 간신히 집을 탈출하기는 했지만 현재 엄마의 정신상태가 너무 허약해 아이들의 보호자 역할을 할 수 없는 수준이라 걱정이 된다"라고 말했다. 오랜 가정폭력에 시달린 여성들의 경우, 분노와 공포를 지나 체념의 단계로 접어들면서 깊은 무기력과 우울증을 경험하게 된다. 내가 아무리 노력해도 이 상황에서 벗어날 수 없을 거라는 엄청난 크기의 좌절은 가정폭력 피해여성이 손가락 하나 까딱하지 못하게 만든다. 서진 씨의 엄마도 그런 상황이었다.

○○ 그래도 서진 씨는 꿈을 꾼다. 아직은 막연하다. "그림을 그리며 살고 싶어요. 대학은… 잘 모르겠어요. 언젠가는 갈 수도 있겠지요." 동생들은 학교로 돌아갈 계획이다. 그 전에 네 여자만의 보금자리를 꾸려야 한다. 엄마는 계속해서 보험설계사로 일하고 있지만, 벌이는 거의 없는 수준이다. 이제 서진 씨가 나서서 돈도 벌어보려고 한다.

○○ 집 밖으로 나오니 냉혹하고 거친 세상이다. 돈도 없고 능력도 없는, 나약한 네 여자가 잘 살아갈 수 있을지 걱정이 크다. 하지만 중학교를 졸업하고 5년 만에 공부 감옥을 탈출한 서진 씨는 이제 간신히 숨이라도 쉴 수 있게 됐다. 아빠는 홀로 그 집에서 미쳐가겠지, 서진 씨는 씁쓸하게 웃었다. 그러고는 앞으로 아빠 없이 살아갈 인생을 이야기하며 크게 숨을 들이마셨다. 5년 만에 바깥 공기를 마신 서진 씨는 길게 울고도 밝게 웃었다.

어느 영업맨의 하루

"고객님과 함께 부자가 되고 싶습니다"

○○밤 11시, 현관에 들어서서 구두를 벗었다. 현관의 센서등이 잠시 켜졌다가 사그라진다. 하루 종일 구두에 갇혀 있던 발을 꺼내 안으로 걸어들어가 형광등을 켰다. 5년째 살아온 원룸의 구조가 익숙하게 눈에 들어온다. 세 걸음 걸으면 침대, 그 옆이 책상이다. 서른한 살 최기현(가명) 씨는 옷도 갈아입지 않고 곧장 책상 위에 놓인 컴퓨터를 켰다. 아직 하루가 끝나지 않았다.

○○내일 아침 고객들이 받아볼 이메일을 보내놓아야 한다. 아무리 퇴근이 늦어도 고객들에게 보낼 이메일을 게을리할 순 없다. 어느 순간에 보낸 메일 한 통이 실적으로 이어질지 모를 일이다. "최기현 FC입니다. 여유 자금 있으신 분들께 ○○펀드 강추합니다. 연락 주시면 브리핑 자료 보내드릴게요. 저의 꿈은 고객님과 함께 부자가 되는 것입니다.…"

○○ 컴퓨터를 끄려는데 뒷골이 뻐근하다. 목을 돌려보니 목부터 어깨까지 근육이 아우성이다. 어깨부터 시작된 통증은 팔을 통해 팔목, 손가락까지 이어진다. 잠을 자도 피곤이 풀리지 않고 소화가 안 돼 양껏 먹지 못한 지 오래다. 몸이 예전 같지 않다. 그런데도 고객을 만나면 하루에도 일고여덟 잔씩 커피를 마시고 저녁에는 술을 마신다. 실적 압박에 스트레스가 극심해도 고객을 만날 땐 환하게 웃는다.

○○ 양복을 벗어 걸어놓은 뒤 침대에 기대 누웠다. 오늘 마지막으로 만나고 온 고객이 떠오른다. 부자 부모 밑에 태어나 별 하는 일도 없이 부유한 삶을 누리고 있는 30대 남성이었다. 몇 다리 거쳐 소개를 받은 이다. 남자가 자신의 집 근처로 오라고 해서 갔는데, 가보니 연락이 안 됐다. 주변에서 기다리다가 간신히 연락이 닿아 만나고 오는 길이다. 네 시간을 허비했다. 남자는 최 씨의 이야기를 제대로 듣지도 않았다. 그래도 보험에는 하나 가입하겠단다. 그 말에 기쁨보다는 피곤함이 몰려왔다.

○○ 우울한 기분이 덮쳐올까봐 최 씨는 휴대전화를 꺼내 들었다. 배경화면에는 얼마 전 여자친구와 푸껫에 가서 찍은 사진이 저장되어 있다. 실적이 우수한 사원들을 대상으로 회사에서 제공한 보너스다. 회사에서 능력도 인정받고 여자친구와 공짜 여행도 할 수 있어 얼마나 행복했던가. 사진 속 자신은 환하게 웃고 있다.

미래를 준비할수록 미래가 두렵다

○○ 돌아보면 지난 1년, 스스로 생각해도 대단했다. 외국계 보험사로 이직을

하고 교육을 받아 현장 영업에 투입된 이후 회사가 제시한 실적 목표를 한 번도 채우지 못한 적이 없다. 회사가 벌이는 각종 실적 관련 콘테스트를 하나도 놓치지 않았다. 회사가 설정해놓은 목표치인 '일주일에 계약 3건'을 벌써 20주 연속 달성하고 있다. 정말 쉬지 않고 달려왔다.

○○ 회사 역시 채찍질을 멈추지 않는다. 매주 7,000여 영업맨들의 실적을 발표해 순위를 매긴다. 상위 클래스의 영업맨들에게는 상품부터 동남아 여행권까지 각종 혜택이 주어진다. 하위권 영업맨들은 수치심과 함께 심한 실적 압박을 받는다. 매일같이 이어지는 조회와 교육을 통해 끊임없이 목표 달성의 중요성에 대해 듣고 또 듣는다.

○○ 어쩌면 그에게는 익숙한 풍경이다. 경남 김해, 비평준화 지역에서 고등학교를 다닌 그는 성적이란 것이 얼마나 중요한지를 잘 알고 있다. 기현 씨는 중학교 3학년 때 시험을 봐서 소위 명문고등학교에 합격했다. '스카이' 진학률이 높다는 그 학교는 소문대로 학생들에게 공부를 많이 시켰다. 시험을 볼 때마다 전교 40등까지 등수를 공표했다. 40등까지는 특별반 학생으로 분류돼 따로 수업을 받고 자습실을 이용하는 등 특전을 누렸다. 특별반에 들었다가 떨어진 학생은 부끄러워했다. 시험 때마다 심한 스트레스를 받았다.

○○ 고등학교 시절 내내 특별반은 '당연히 들어야 할 목표'였다. 그는 1등에 집착했다. '2등만 해도 선생님이 날 바라보는 눈빛부터 다르고 대우가 달라진다'고 생각했다. 1등의 영광과 2등의 눈물은 당연하게만 여겨졌다. 그 생각은 직장인이 된 지금까지 이어진다. 어차피 사회에 나와 경쟁을 하며 살아가는 삶, 1등을 해야 한다. 그렇게 생각하며 자신을 채찍질해왔다.

○○ 철저히 경쟁 체제로 실적에 따라 월급을 주는 회사에 다니다 보니, 그의

월급은 어느새 1000만 원 가까이 된다. 그토록 모으기 어렵던 돈이 조금씩 모여가니 희망이 생긴다. 몇 달 뒤에는 여자친구와 결혼식을 올릴 것이다. 대출을 받아 전셋집을 구해 지긋지긋한 원룸도 벗어날 것이며 자동차도 할부로 구입할 예정이다.

○○ 그런데 자꾸만 가슴이 답답하다. 밤에 쫓기는 꿈을 꾼다. 미래를 준비할수록 미래가 두렵다. 어디서부터 잘못된 것인지 알 수가 없다.

꿈만 좇을 수 없다, 돈을 벌어야 한다

○○ 1년 전을 떠올렸다. 당시 그는 외국계 홍보회사에 다니고 있었다. 대학에서도 광고홍보학을 전공한 그는 학창시절 연합 광고 동아리의 회장을 맡기도 하고 각종 공모전에서 수상을 하기도 했다. 반짝반짝 빛나는 아이디어를 통해 사람들의 뇌리에 남는 광고와 홍보 전략을 만들어내는 일은 너무 재미있었다. 그렇게 부푼 가슴을 안고 유명 홍보회사에 입사하던 날, 그는 꿈을 이뤘다고 생각했다. 고작 3년 뒤 홍보회사를 스스로 박차고 나가 보험 영업을 하게 되리라고는 예상하지 못했다.

○○ 유명 홍보회사의 명함은 빛이 났지만 연봉은 2000만 원도 채 되지 않았다. 초봉 3000~4000만 원의 이야기는 일부 대기업에 국한된 것이었다. 일 역시 생각과는 달랐다. 늘 각종 기업의 홍보 대행을 따내기 위해 다른 홍보회사들과 경쟁 프레젠테이션을 펼쳐야 했다. 경쟁 프레젠테이션이 다가오면 기업의 구미에 맞는 홍보 전략을 내놓기 위해 방대한 자료를 뒤지고 아이디어를 쥐어짜내며 밤을 새기 일쑤였다. 살인적인 노동강도에 급기야 동료 직

원 하나가 과로로 쓰러져 세상을 떠났다. 그와 동갑인 동료였다.

○○어떻게 살아야 할지 혼란스러웠다. 광고홍보학을 전공한 것이 후회도 됐다. 중위권 대학을 나온 탓인가 싶기도 했다. 늘 1등만 하던 자신이 중위권 대학을 졸업한 것은 아버지 탓이 크다. 고등학교 시절, 외환위기로 아버지의 사업이 휘청였다. 아버지는 아들의 학비를 부담스러워했다. 그는 과감하게 4년 전액 장학금을 받을 수 있는 학교를 선택했다. 그렇지 않았다면, '스카이'에 진학했다면 삶이 조금 나아졌을까? 사회에 나와 힘이 들 때면 자꾸 아버지에 대한 원망만 커져갔다.

○○몸은 바쁘고 월급은 적다 보니 대학 때부터 살던 원룸을 벗어나기는커녕 사귀고 있는 여자친구와의 미래를 계획하기도 어려웠다. 결혼은 어떻게 할지, 아이는 어떻게 낳아 키울지, 서울 하늘 아래 아파트는 하나 마련할 수 있을지 알 수 없었다. 홍보회사를 다닌 3년은 그렇게 꿈과 현실 사이에서 방황하던 시절이었다.

○○그러던 중 아버지가 쓰러졌다는 연락을 받았다. 뇌출혈로 쓰러진 아버지는 대수술 뒤에 가까스로 의식을 회복했다. 병원비가 어마어마하게 나왔다. 3년이나 직장생활을 했는데도 최 씨는 가족들에게 내놓을 돈이 없었다. 가족들 중 누구라도 또다시 아프게 된다면 어찌해야 하나. 생각이 여기에 미치자 더이상 꿈만 좇을 수가 없었다. 사표를 냈다. "일하는 만큼 돈을 준다"는 외국계 보험회사에 입사했다.

○○결혼을 약속한 상태였던 여자친구에게는 울면서 고백했다. "홍보회사에서는 미래가 보이지 않는다. 도저히 이대로 가족을 부양할 방법이 없다. 보험회사에 가서 진짜 열심히 해서 돈, 돈을 벌 테니 나를 믿고 지켜봐달라"고 말

했다. 여자친구 입장에서는 돈을 적게 벌어도 홍보회사 명함이 더 빛나 보일 터다. 주변에 소개하기도 그럴 것이다. 여자친구는 망설였다. 하지만 곧 그의 손을 잡아주었다.

부자 아빠가 되기 위하여

○○그때부터 최 씨는 돈만 생각했다. 돈을 벌기 위해 한 이직이니 오직 경쟁에서 이겨 돈을 많이 버는 것만이 목표였다. 대학교 친구, 고등학교 선배, 고향 후배들을 가리지 않고 만났다. 문자를 보내고 이메일을 보내고 찾아가 만나기를 1년, 고객만을 위해 살았다. 그렇게 실적을 쌓았고, 돈을 벌었고, 꿈꾸던 결혼도 앞두고 있다.

○○그런데 자꾸만 삶이 공허하다. 아무리 돈을 벌어도 배부르지가 않다. 가끔씩 '이렇게 살다가 뭘 어쩔 건데?' 하는 생각이 든다. 그럴 때면 다시 심호흡을 하고 그동안의 실적을 돌아보며 마음을 다잡는다. 이제 와서 돌아설 순 없다.

○○결혼을 하고 아이를 낳으면, 그 아이는 나보다 덜 힘들게 살았으면 좋겠다. 전액 장학금을 받아야 할 필요 없이 대학을 선택하고, 물려받은 돈이 좀 있어서 집을 구하는 일 따위는 걱정하지 않았으면 좋겠다. 영업을 하느라 하루 종일 뛰어다니고 사람들에게 굽실거리지 않고 빛나는 명함과 부를 한꺼번에 쥐었으면 좋겠다. 그렇게 교육을 잘 시키려면 일단 내가 부자가 되어 뒷바라지를 해줘야 한다. 부자 아빠가 되는 것이 남은 인생의 경쟁에서 이기는 길이라고 생각하며, 최 씨는 잠이 들었다.

울트라 자양 경쟁제

영구임대아파트의 회색빛 꿈

꿈은 어떻게 꾸는 건가요?

○○ 한국의 수도 서울에서 가난한 사람들은 갈수록 눈에 띄지 않는다. 빈곤층의 집단 주거지는 각종 개발로 분해됐다. 화려한 주상복합 아파트 옆 아직 개발이 덜된 골목길이나 괜찮은 연립주택이 들어찬 동네의 반지하방으로 가난은 숨어들었다. 하지만 아직까지 빈곤층이 모여 사는 밀집 지역이 남아 있다. 영구임대아파트다.

○○ 서울 강북구 번동의 주공아파트는 우리나라 최초로 조성된 영구임대아파트 단지다. 1990년 조성된 4,000여 세대나 되는 대단지다. 정부는 수도권 일대의 영세민, 철거민, 무허가주택 입주민 등을 이곳으로 집단 이주시켰다. 서울 2만 2,000여 호를 비롯해 전국적으로 19만 호의 영구임대아파트가 생겼다. 그러나 1992년을 마지막으로 영구임대아파트 건설은 중단됐다. 사람

들의 기억에서 잊혀져가며 영구임대아파트는 고립되어갔다. 20여 년 동안 그곳에는 빈곤의 역사가 쌓였다.

○○2010년 겨울, 한국 최초의 영구임대아파트 단지에 가서 10대 후반에서 20대 초반의 청춘들을 만났다. 할머니를 따라, 부모를 따라 영구임대아파트에 둥지를 틀고 자라난 이들이다. 눈에 보이는 사람들은 모두 가난하고 하나같이 빈곤노동에 시달리니 '도대체 꿈이란 것은 어떻게 하면 꿀 수 있느냐'고 되묻는 이들이었다.

무기력한 언니를 무기력하게 기다리다

○○열여덟 살의 박미영(가명) 양을 만났을 때 언니는 또 집을 나간 상태였다. 하루 이틀 만에 들어오기도 하는데 이번에는 닷새가 넘도록 연락이 없다. 세 살 위인 언니와 함께 쓰던 세 평 남짓한 좁은 방에 혼자 앉아 있던 미영이는 그냥 가만히 바닥에 드러누웠다. 휴대전화기를 만지작거리다가 문자메시지를 쓴다. "언니… 언제 와?" 전화 버튼을 누르는 소리가 적막을 깬다. 그러고 나선 또 적막이다. 답은 없다. 미영이는 하루 종일 손에 휴대전화기를 들고 가만히 누워 있었다.

○○다섯 살 때도 꼭 이랬다. 햇빛이 들어오지 않던 반지하방, 아빠가 출근하고 언니가 학교에 가고 나면 미영이는 혼자 가만히 누워 있었다. 엄마는 언니가 다섯 살 때 집을 나갔다고 했다. 당시 젖먹이였던 미영이는 엄마 얼굴을 기억하지 못한다. 직물 공장에서 일하는 아빠는 야근이 잦았다. 기다릴 수 있는 건, 언니뿐이었다.

○○ 미영이의 아버지는 5년 전에 재혼했다. 지체장애 1급인 여성을 부인으로 맞았다. 등이 굽은 척추장애인이다. 새어머니의 장애 덕분에 2006년, 가족은 영구임대아파트에 입주했다. 그래서 좋은지 나쁜지, 미영이는 "모른다". 다만 부끄러운 기억은 있다. 새엄마는 자매의 장롱에서 오줌으로 얼룩진 이불 여섯 장을 찾아냈다. 미영이는 고등학생이 되도록 밤에 오줌을 싼다. 방 구석구석에 처박힌 속옷도 찾아냈다. 모두 자매가 빨기 귀찮아 숨겨둔 것이다. "너희에게 얼마나 냄새가 나는 줄 아냐"고 화를 내는 새엄마에게 뭐라고 해야 할지 몰라, 미영이는 그냥 웃었다.

○○ 아버지가 재혼한 뒤 집안 살림살이는 훨씬 깔끔해졌다. "냄새 난다"는 새엄마 등쌀에 목욕도 한다. 하지만 언니는 새엄마와 갈등하기 시작했다. 언니는 새엄마의 잔소리를 듣기 싫어했다. 미영이가 보기엔 "매사에 너무 무기력한" 언니의 잘못인 듯도 하고, "너무 예민한" 새엄마 탓인 듯도 하다. 언니는 좀처럼 씻지도 않고, 물어도 대답하지 않고, 뭔가를 시켜도 움직이지 않는다. 엄마는 작은 일에도 소리를 질렀다. 때때로 아버지는 줄넘기, 옷걸이 등으로 자매를 때리곤 했는데, 그럴 때도 언니는 비명 한번 지르지 않았다. 언니는 고등학교 졸업 후 더 무기력해졌다. 대형마트 판매직에서 일주일 만에 해고됐을 때도 새엄마는 폭발했고, 언니는 집을 나갔다.

"100만 원 넘게 버는 일을 하고 싶어요"

○○ 미영이는 늘 혼자만의 세계에 갇혀 있다. 초등학교 때도, 중학교 때도 친구 사귀기가 어려웠다. "안녕?" 수없이 연습했지만 어느 누구에게도 이 말을

먼저 건네지 못했다. 선생님과도 이야기를 나눈 추억이 없다. 중학교 3학년 때 담임 선생님이 실업계 진학을 결정한 그에게 "고등학교 가면 그 소극적인 성격 좀 버려라"라고 했을 뿐이다. 그 말에 미영이는 더 움츠러들었다.

○○ 그래서 미영이는 밤늦게까지 다른 세계를 헤맨다. '싸이월드'다. 인터넷상에 자신의 미니홈피를 꾸미고 네티즌끼리 관계를 맺는 싸이월드는 미영이에게 천국이다. 싸이월드에서 내성적인 미영이는 없다. 3년째 짝사랑했지만 인사 한번 못해본 남학생의 미니홈피를 구경하며 새벽을 맞는다. 싸이월드 '일촌맺기'로 친구를 만들며 관계 맺기의 기쁨을 누린다. '리얼월드'에서는 맛볼 수 없는 기쁨이다.

○○ 하지만 컴퓨터를 끄면 '리얼월드'다. 좁은 방엔 또 미영이 혼자다. 고등학생이 된 미영이가 가장 많이 쓰는 말은 "몰라요"다. 장래 희망도 "모르고", 자신이 왜 잘 안 씻게 됐는지도 "모른다". 지금 뭐가 먹고 싶은지, 자신에게 필요한 것이 무엇인지도 "모른다". "모른다"고 말할 때면 미영이는 아기처럼 옹알대며 작게 말한다.

○○ "세상에 어떤 직업이 있는지 모르겠어요." 꿈을 묻는 질문에 꿈이란 게 뭐냐고 묻는다. 미영이가 어려서부터 봐온 직업은 미싱사뿐이다. 아버지가 오래 해온 일이다. "미싱사는 못 하겠다"는 것이 미영이의 결론이다. 지난 겨울방학 동안 아버지가 일하는 직물 공장에서 '미싱 보조'로 일을 해본 그다. 창문도 없는 작은 공장에서 미싱은 돌고 또 돌았다. 직물에서 나온 먼지에 눈을 뜨기조차 괴로웠다. 더러운 손을 씻을 곳도 없었다. 일주일 만에 눈병이 나서 그만뒀다. 아버지가 "너는 공장일에 잘 맞지 않는다"고 했다. 꿈은 품어보기도 전에 날아갔다.

○○언니의 취직은 미영이에게 새로운 지평을 열어주었다. 상고를 졸업한 언니가 한 카드회사 대리점에 경리로 취직한 것이다. "월급이 114만 원이었어요. 세금 떼고 109만 원이 나왔고요." 미영이는 또렷하게 기억했다. '큰돈을 버는 언니가 부럽다'고 생각했다. 아쉽게도 언니는 109만 원의 월급을 단 한 번 받고 해고됐다. "아빠는 공무원이 세상에서 제일 좋은 직업이라고 하지만, 나는 왠지 싫다"며 "어쨌든 100만 원 넘게 버는 일을 하고 싶다"는 것이 현재까지 미영이의 꿈이라면 꿈이다.

○○영구임대아파트에서 만난 10대들은 꿈에 대해 "모르겠다"고 했다. 20대라고 별다르지 않았다. 단지 안에 위치한 중학교의 교사는 "아이들이 매일 만나는 가족이나 이웃 중 제대로 된 직업을 갖고 있는 이가 없다 보니, 구체적인 장래희망을 갖게 만들기가 힘들다"고 말했다. 4,000세대의 영구임대아파트 단지 속에서 아이들은 '역할 모델'을 구하지 못하고 있었다.

캄캄한 지하방에서의 어두운 기억

○○스물네 살 이영호(가명) 씨는 낮이면 주로 방에 틀어박혀 잠을 잔다. 아파트 복도 쪽으로 나 있는 반투명 창에서 희미하게 빛이 들어온다. 영호 씨는 불을 끄고 누워 이불을 얼굴까지 끌어올린다. "불 꺼라." 밤새 노름을 하고 아침에 돌아온 아버지는 어린 영호 씨에게 늘 그렇게 말했다. 그때도 지금도 그는 말없이 이불을 얼굴까지 끌어올릴 뿐이다.

○○그가 기억하는 첫 집은 서울 구로동의 반지하방이다. 서울 용산구 보광동 판자촌에 살다가 이사 온 것이라고 하는데, 그때 기억은 없다. 음주운전으

로 면허가 취소돼서 택시운전을 그만두고 공사판을 전전하던 아버지는 영호 씨가 태어난 즈음에 운전면허를 다시 따서 택시운전을 시작했다. 그러다가 곧 노름에 빠졌다. 일도 나가지 않고 밤새 노름을 했다. 노름을 하느라 빚이 쌓여갔고 일을 안 나가니 회사에 입금할 돈이 없어 또 빚을 지는 식이었다.

○○ 남편이 노름을 한다는 사실을 뒤늦게 안 어머니가 말리고 나섰다. 비가 억수같이 오던 날 밤, 아버지는 노름을 막는 아내를 마구 때렸다. 온몸이 피투성이가 된 어머니가 속옷 바람으로 새벽에 도망쳐 나갔다. 어린 영호 씨는 어두운 방에 앉아서 열린 대문을 바라보며 혼자 울었다. 어머니는 구로역 공중전화 박스에 쭈그리고 앉아 친정엄마에게 전화를 걸었다. 한참을 울다가 다시 집으로 돌아왔다. 울고 있을 아들이 생각나서였다. 집에 돌아갈 때까지 아들은 홀로 앉아 울고 있었다.

○○ 동네 사람들은 어머니에게 "애기 하나 더 낳으면 남편이 정신 차릴 것"이라고 말했다고 한다. 어머니는 영호 씨가 일곱 살 때 여동생을 낳았다. 피임을 위해 루프시술을 한 것을 병원에 가서 푼 것이다. 아버지에겐 임신 사실을 5개월이 넘도록 숨겼다. 부인의 배가 불러오고 나서야 임신 사실을 안 아버지는 노발대발했다. 딸아이를 출산하고 나니까, 하나 있는 아들도 못 키우면서 아기를 왜 또 낳느냐고 화를 냈다.

○○ 아버지의 노름 중독은 갈수록 심해졌다. 노름을 하느라 밤을 새고 아침에야 들어온 아버지는 어린 아들에게 "불을 끄라"고 했다. 자신이 자야 한다고 했다. 지하 단칸방은 불을 끄면 깜깜했다. 어린 아들은 매일 불 꺼진 방에서 숨죽이고 있어야 했다. 무서운 아버지가 잔다. 자면서도 아버지는 아들에게 "밖에 나가지 말라"고 했다. 이유는 알 수 없지만 거역할 수 없었다. 아들

은 매일같이 어둠 속에서 아무것도 할 수 없었던 낮 시간이 무서웠다.

지하방에서만 살다가 빛이 드는 집에 살게 된 건 2000년대 들어서서다. 영호 씨가 중학교 때다. 부모는 옥수동 옥탑방으로 거처를 옮겼다. 여름이면 덥고 겨울이면 너무 추웠다. 부모의 불화는 더욱 깊어졌다. 노름빚 때문에 부모 모두 신용불량자가 됐다. 아버지는 어머니 카드까지 들고 나가 현금 서비스를 받은 상태였다. 결국 부모는 이혼했다. 2002년, '한부모 가족'의 자격으로 어머니와 영호 씨, 영호 씨의 여동생 세 식구가 영구임대아파트로 이사했다. 영호 씨는 공고에 진학했다.

"나 같은 사람을 누가 받아줘요?"

영호 씨는 초등학교 때부터 말없는 아이였다. 친구도 좀처럼 사귀지 못했다. 남 앞에 나서서 발표하는 것을 극도로 꺼렸다. 학교에서 무슨 일이 있어도 입을 열지 않았다. 지하철 4호선 수유역 근처에 있는 공고에 다닐 때는 3번 마을버스를 타고 통학했다. 영구임대아파트 단지 앞에 정거장이 없어서 근처를 지날 때 마을버스 기사에게 "여기서 내려주세요"라고 말해야 했지만 영호 씨는 한 번도 그렇게 하지 못했다. 늘 멀리서 내려서 걸어왔다.

어머니가 "왜 내려달라는 말을 못해 고생을 하느냐"고 다그치자 영호 씨는 "사람들이 다 쳐다보는데 어떻게 내려달라고 말하냐"며 되레 화를 냈다. 결국 영호 씨는 고등학교 2학년 때 학교를 그만뒀다. 무슨 일이 있었는지는 얘기하지 않았다. 어머니는 훗날 선생님에게 영호 씨가 따돌림을 당하고 있었다는 이야기를 들었다.

○○학교를 그만둔 영호 씨는 취직을 할 생각도 하지 않았다. 잠을 오래 잤고 깨어 있는 시간에는 컴퓨터 게임을 했다. 그러다가 자신이 매일같이 가던 피시방 사장이 "나 없을 때 가게 좀 보라"고 하자 그 일을 직업으로 삼았다. 고등학교 졸업 후 유일하게 가진 직장이다. 하지만 피시방 사장은 그를 고용하지 않고 한 달에 몇 번, 급할 때만 불렀다. 시급도 없었다. 용돈 조로 한 달에 몇 만원의 돈만 건넸다. 영호 씨는 그 돈을 용돈으로 썼다. 어머니가 어디 이력서라도 내보라고 다그치면 영호 씨는 "나 같은 사람을 누가 받아주냐"고 말했다. 이력서 낼 만한 곳이 없다고 했다. 스스로 자신을 한심하게 생각하고 있었다.

○○영호 씨는 욱하는 성격이다. 평소 말없고 내성적이고 소극적이지만 분노가 쌓이면 폭발한다. 지금까지 영호 씨는 딱 한 번 연애를 했다. 자퇴 후, 중학교 동창과 잠시 사귀었다. 사귄 지 오래되지 않아 여자 쪽에서 이별을 고했다. 영호 씨는 분노했다. 죽겠다며 팔과 다리를 칼로 그었다. 수십 개의 칼자국에서 피가 배어나왔다. 어머니는 피투성이가 된 아들을 병원으로 데리고 뛰었다. 이후에는 15층 집에서 뛰어내리겠다며 여자친구를 데리고 오라고 으박지르기도 했다. 그 시기, 군대에서 영장이 나왔지만 1년을 연기할 수밖에 없었다. 아들은 자살소동과 협박을 1년 동안 계속하다가 군대에 갔다.

○○영호 씨가 군대에 가 있는 동안 어머니는 매일 조마조마했다. 특히 내성적인 성격의 이등병이 총기를 난사하는 식의 사건이 발생할 때면 혹시 우리 아들이 아닌가 싶어 가슴이 철렁했다.

○○스물두 살이 되던 해, 영호 씨는 무사히 제대를 했다. 군대를 제대한 이후부터 영호 씨의 고립은 더 심해졌다. 밤에는 컴퓨터를 하다가 늦게 자고 오

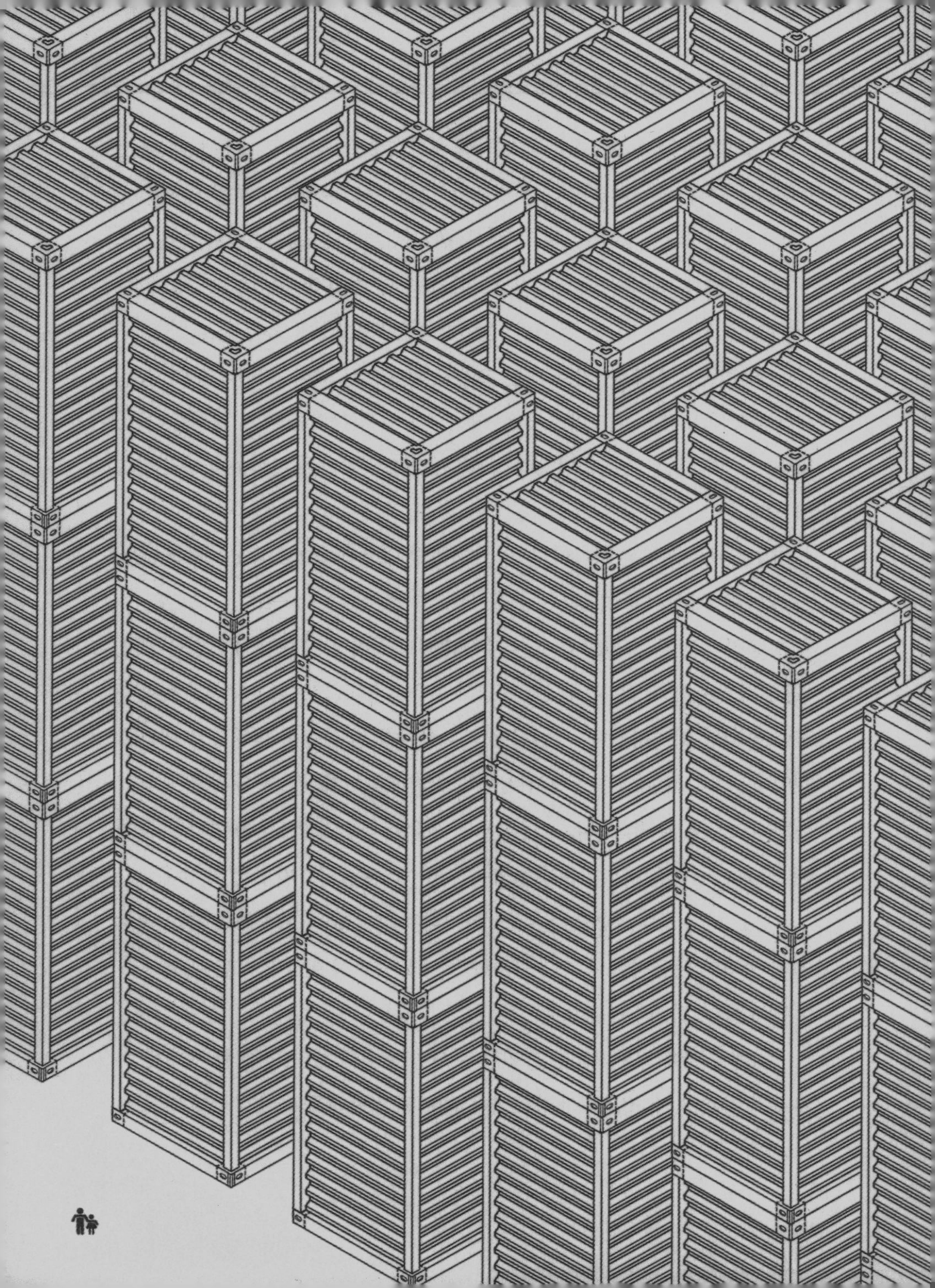

후 2시께 일어나 밖에 나갔다. 어딘가에서 시간을 보내다가 밤이면 방에 들어가 홀로 소주와 맥주를 마셨다. 어머니가 잔소리를 하자 아들은 술을 부엌의 냉장고가 아닌 자기 방 창틀에 끼워놓고 마셨다.

진하게 대물림되는 무기력

○○영호 씨의 여동생인 열일곱 미숙(가명)이는 이런 오빠의 눈치를 보며 사는데 익숙해졌다. 어려서부터 아빠와 오빠, 엄마의 눈치를 보며 자랐다. "모르겠어요." 고등학교 2학년인 미숙이에게 꿈을 묻자 옆에 앉은 어머니 눈치를 봤다. 미술에 소질이 있는 미숙이는 한때 미대 진학을 꿈꿨다. 하지만 어머니는 "고등학교 졸업하면 바로 돈 벌어서 나를 도와야 하지 않겠냐"고 했다. 아버지와 이혼한 뒤 암 수술까지 받고 힘들게 살아가는 엄마를 생각하면 대학 진학은 어림없다. 미숙이는 대학 진학을 포기했다. 어서 어디든 취업해서 돈을 벌길 바란다. 그곳이 어디인지는 모르고, 관심도 없다.

○○미숙이가 고등학교 졸업 후 바로 돈을 벌어야 하는 이유는 '제도' 때문이다. 현행법상 '한부모 가족'으로 지원받기 위해서는 편부모 아래 미성년 자녀가 있어야 한다. 미숙이가 고등학교를 졸업하는 순간, 가족 중에 더이상 미성년 자녀가 없다. 미숙이의 어머니는 벌써부터 1년 뒤를 걱정하느라 밤잠을 설친다.

○○입시를 포기했지만 미숙이는 방과후 수업으로 '입시 미술'을 수강하고 있다. 고등학교 1학년 때 미숙이의 미술 실력을 높이 평가한 미술 선생님의 권유 때문이다. 미술 선생님은 집요하게 어머니를 설득했고 학교 측에서는

수업료 10만 원을 대신 내주기로 했다. 미숙이는 대학 입시를 준비하는 친구들과 함께 방과후 미술 수업을 받게 됐다.

○○ 하지만 방과후 수업은 모녀에게 고통이었다. 미술 수업 재료비 22만 원을 구하기 위해 어머니는 큰이모에게 빚을 져야 했다. 저녁 9시까지 진행되는 수업을 들으면서도 미숙이는 돈이 없어 저녁을 먹지 못한다. 학교 저녁 급식을 먹으려면 3,000원을 따로 내야 한다. 집에 돌아오면 밤 10시, 미숙이는 허겁지겁 냉장고를 뒤진다. "어차피 대학도 못 갈 텐데 이제 입시 미술은 그만두려고요." 말은 그렇게 하면서도 지금까지 그만두지 못한 채 배고픔을 참고 그림을 그린다.

○○ 미영이의 언니는 집으로 돌아올까? 미영이는 꿈이 무엇인지 찾을 수 있을까? 영호 씨는 얼굴까지 뒤집어쓴 이불을 걷어내고 세상으로 나올 수 있을까? 영호 씨의 여동생 미숙이는 아픈 엄마와 무직인 오빠를 대신해 돈을 벌어오게 될까? 함부로 희망을 말하기는 어렵다. 영구임대아파트 단지에는 가난보다 진하게 무기력이 대물림되고 있었다.

가난한 명문대생의 눈물

떡진 머리, 때 낀 손톱의 여대생

○○ 초면이었지만 서울 신촌의 한 커피숍으로 들어서는 김영미(가명) 씨를 단번에 알아볼 수 있었다. 이메일에서 느껴지던 깊은 우울이 외모에서 확연히 드러났기 때문이다. 아무렇게나 걸친 듯한 옷차림, 감지 않아 떡진 머리, 길고 때가 낀 손톱, 구부정한 자세. 영미 씨는 내 앞에 앉아서도 한없이 고개를 숙였고 작은 목소리로 말을 건넸다. 싱그러운 스무 살, 명문대 새내기의 반짝거림은 찾아보기 힘들었다.

○○ 2009년 겨울 영미 씨는 내가 쓴 기사를 보고 장문의 이메일을 보내왔다. 당시 나는 식당 노동자들의 실태를 취재한 뒤 "가난한 부모가 뼈 빠지게 일해서 자녀를 명문대 보내 집안을 일으키던 절대빈곤 시대의 꿈은 사라졌다"는 진단을 내렸었다. 내가 만난 식당 노동자의 자녀들은 학교 성적이 우수하

거나 명문대에 진학한 경우가 드물었다. 계층 이동의 사다리는 기득권이 굳건해진 양극화 사회에서 더이상 작동하지 않는 듯 보였다. 어느새 부모로부터 자식 세대에게 빈곤노동이 대물림되고 있었다.

영미 씨는 장문의 이메일을 통해 내게 "기사를 읽고 너무나 공감이 돼 슬펐다"며 "식당 노동자의 자녀가 공부를 못하는 것이 현실이더라도 기자는 '그래도 희망은 존재한다'고 써주면 안 되냐"고 항의했다. 뒤이어 자신이 바로 공장 노동, 식당 노동 등 빈곤노동에 시달리는 엄마의 자식이며 자신의 가족이 기초생활수급권자라고 했다. 자신은 어려서부터 공부를 잘하기는 했지만 너무도 힘든 삶을 살아왔으며, 지방에서 외국어고등학교를 나와 서울의 명문대에 진학한 지금도 너무나 괴롭다고 했다.

당시에는 외고, 과학고 등 특목고에 더이상 기초생활수급권자가 없다는 뉴스가 막 나오던 때였다. 이제는 뉴스도 아닌 이야기다. 명문 학교에 돈 많은 집 자제들만 득실거리는 것을 사람들은 이제 그리 낯설게 바라보지도 않게 됐다.

그런 시대에 기초생활수급권자 영미 씨는 묵묵히 외고를 졸업하고 홀로 서울에 와서 명문대에 입학했다. 그리고 깊은 우울에 빠졌다. 나라도 만나봐야겠다는 알 수 없는 의무감이 들었다. 영미 씨에게 만나자고 답신을 보냈다.

"우리 딸이 영재라는데 해줄 게 없다"

지난겨울, 서울의 명문대에 합격했다는 소식을 부모님께 알리면서 영미 씨는 눈치를 봐야 했다. 부모는 합격 소식을 반가워하지 않았다. 그가 합격한 사립대는 입학금만 450만 원이었다. 여기에 지방에 사는 영미 씨의 경우 기숙사비 120만 원이 더해진다. 영미 씨의 가족은 기초생활수급권자다. 대구 성서공단에서 부품조립 일을 하는 어머니가 매달 벌어오는 돈은 100만 원가량. 뇌병변 장애가 있는 아버지와 고등학생 동생까지 네 식구의 생계비 전부다. 한숨을 쉬는 어머니를 보며 영미 씨는 입학금을 달라고 하지 못했다.

○○영미 씨는 초등학교 때 학교 선생님의 권유로 받아본 테스트에서 영재 판정을 받았다고 한다. 자랑스러운 기억일 텐데 그때를 떠올리는 영미 씨의 얼굴엔 웃음기가 없다. 학교 교사는 부모님과 면담하며 "아이가 영재니까 특수교육을 시키자"고 권했지만 부모에게는 돈이 없었다. 영미 씨가 어린 시절, 사업에 실패한 아버지는 충격으로 쓰러져 병을 얻은 뒤 일용직조차 구하지 못한 채 무능력하게 주저앉았다. 어머니 홀로 식당이나 공장에 나가 100만 원 남짓한 월급을 받아오고 있었다.

○○그런데도 얼마 뒤부터 영미 씨는 아버지 손에 이끌려 학원을 다니기 시작했다. 알고 보니 아버지가 학원 원장을 찾아가 눈물로 호소했다고 한다. "우리 딸이 영재라는데 가난한 부모가 해줄 것이 없다"며 도와달라고 했다는 것이다. 그곳에서 영미 씨는 학원비를 내지 않고 과학과 수학을 배웠다. 아버지의 호소로 중학교 때까지 영미 씨는 학원을 두세 군데 다닐 수 있었다.

○○외고에 진학하자 영미 씨는 주변 친구들이 자신과는 다르다는 사실을 조금씩 알아갔다. 학교가 끝나면 교문 앞에 고급 자가용이 즐비하게 서 있다가 친구들을 태우고 갔다. 친구들은 값비싼 학원을 몇 군데씩 다니고 좋은 옷을 입고, 좋은 음식을 먹고, 좋은 책을 사서 봤다. 영미 씨는 친구들의 모습을 보며 갈수록 작아지는 자신을 발견했다.

마이너스 570만 원의 무게

○○ 서울의 대학에 입학하고 보니 대구의 외고에서 느낀 것보다 훨씬 더 큰 격차가 존재했다. 새내기답게 밝고 명랑하고 꿈 많은 친구들을 보며 영미 씨는 자신이 너무도 초라하다고 느끼기 시작했다. 친구들 앞에 설 때마다 위축이 돼서 언제부턴가 영미 씨는 혼자 다니기 시작했다.

○○ 대학에 꼭 진학하고 싶었던 영미 씨는 학자금 대출을 통해 간신히 입학금과 기숙사비를 냈다. '마이너스 570만 원'으로 서울살이를 시작했다. 다행히 5월에 수급권자에게 주는 국가장학금인 '미래로 장학금' 220만 원을 받았다. 학자금 대출부터 일부 상환했다. 이제 '마이너스 350만 원'이다. 평균 학점이 'B+' 이상이면 다음 학기에도 이 정도 학비 감면 혜택을 받을 수 있다. 학점이 짜다고 소문난 학교에 다니기에 공부를 열심히 해야 한다.

○○ 한데 생활비가 없다. 몇 만 원씩 회비를 내야 하는 모꼬지나 뒤풀이 행사는 안 가면 그만이다. 하지만 책도 사야 하고 밥도 먹어야 했다. 그러다가 매달 월급처럼 나오는 근로장학금을 발견했을 때는 뛸 듯이 기뻤다. 학교 안팎의 지정된 장소에서 주당 최대 20시간까지 일하고 매달 장학금을 받는 제도로, 1순위가 수급권자와 차상위계층이다. 수급권자인 영미 씨는 1순위로 근로장학금을 받게 됐다.

○○ 그는 학교와 산학협력 관계에 있는 회사에서 주당 15시간을 일한다. 문서 작성 등 단순 업무가 주다. 교내에서 일하면 시급 5,000원, 교외는 9,000원이다. 힘들어도 교외 근로를 선택한 까닭이다. 한 달을 일하면 50여만 원이 입금된다. 수업 시간표도 근로시간에 맞춰 짰다. 동아리 가입도, 친구들과의 술자리도 미뤘다. '여대생'이 된 지 8개월이 지났지만 자신을 위해 구매

한 것은 1만 원짜리 티셔츠 하나가 전부다. 그래도 근로장학금을 아껴 대구에 있는 남동생에게는 3만 원짜리 청바지 하나를 사줬다.

누구를 위한 근로장학금 제도인가

○○ 중간고사가 끝난 10월 23일, 청천벽력 같은 소식을 들었다. 학교 홈페이지에 '국가근로(기초생활보장수급자 필독)'이란 공지사항이 떴다. "근로장학금을 받는 기초생활보장수급자의 경우, 국가근로를 통해 발생한 월 근로비가 소득으로 간주되어 수급권자 자격에 문제가 될 수 있다"고 했다. "교육과학기술부 및 한국장학재단에서 해결 방안을 내놓았으니 학생들의 의사를 알려달라"는 내용이었다.

○○ 어머니가 버는 돈 100만 원에 영미 씨가 받는 근로장학금 54만 원을 더하면 당시 4인 가족 최저생계비인 132만 6,609원을 초과하는 154만 원이 된다. 이렇게 되면 영미 씨의 가족은 기초생활보장수급권을 박탈당하게 된다. 그럴 수는 없는 일이었다.

○○ 근로장학금은 교육과학기술부(이하 교과부) 예산으로 운영된다. 2009년 당시에는 전문대에 270억 원, 4년제 대학에 930억 원을 편성했다. 여기에 각 대학이 교과부 배정 예산의 25퍼센트를 대응 투입한다. 그런데 그 전해 말 기초생활보장수급제도 담당 부서인 보건복지가족부(이하 보건복지부)가 교과부에 공문을 보냈다. "근로장학금이 가계소득으로 잡혀 수급권을 박탈당하는 사례가 있다는 민원이 있으니, 근로장학금이 근로소득인지 여부를 국세청에 확인해보라"는 내용이었다.

○○ 연초에 교과부와 보건복지부의 담당자가 모두 바뀌면서 근로장학금 문제는 논의되지 않았다. 그사이 대학 신입생들이 입학했고 4년제 대학에 근로장학금 제도가 확대 시행됐다. 영미 씨처럼 각 학교에서 선발된 근로장학생들은 5월부터 교내외 근로를 시작했다. 교과부가 국세청에 정식 질의를 넣은 것은 8월말이다.

○○ 9월 8일 국세청이 "근로장학금은 근로소득"이라고 판명한 공문을 교과부로 보냈다. 국세청의 결론에 보건복지부는 "근로장학금이 근로소득이라면 가계소득에 합산하겠다"고 나섰다. 보건복지부 기초생활보장과 최신광 사무관은 "근로소득에서 대학생에게만 특혜를 줄 순 없다"며 "근로장학금 이외에도 수급권자에게 정부가 제공하는 혜택이 24가지나 된다"고 말했다.

○○ 수급권자 대학생들이 받는 근로장학금은 한 달 기준 최대 70여만 원이다. 당시 교과부는 지난 1학기에 학생 1인당 한 달 평균 29만 7,000원씩 지급됐다고 밝혔다. 이 액수를 부모 등 다른 가족의 소득과 합하면 기초생활보장 수급 자격 기준인 최저생계비를 넘어설 가능성이 높다. 수급 자격의 경계에 선 학생들은 근로장학금과 수급권 둘 중 하나를 포기해야 하는 상황에 처했다. 가난한 학생을 위해 도입했다는 근로장학금이 결국 가장 가난한 학생인 수급권자를 피해가는 모양새가 되어버렸다.

○○ 이에 교과부가 각 대학에 공문을 내려보냈다. '해결 방안'이었다. 교과부는 공문에서 "근로장학금이 '소득' 개념이 아니라 '장학금' 개념으로 지급되려면 학기 단위로 지급되어야 한다"며 "근로장학금을 월 지급에서 학기 단위 지급으로 변경하겠다"고 밝혔다. '학기 단위 지급 동의서'를 제출하면 올 10월부터 내년 2월까지의 근로장학금을 내년 3월에 받게 된다. 교과부 공문은

"근로장학금을 학기 단위로 지급받는 것에 동의하지 않고, 종전대로 매월 지급받을 경우에는 수급권자 자격에 불이익을 받을 수도 있다"고 명토 박았다.

○○ 2009년 1학기에 전국 199개 4년제 대학을 대상으로 총 2만 6,121명이 근로장학금을 받았다. 이 중 수급권자는 전체 지원 학생의 19퍼센트에 해당하는 5,000명이었다. 한 사립대 학생지원과 근로장학금 담당자는 "수급권자 학생들에게 매달 이 돈이 얼마나 절실한지 잘 알기에 마음이 착잡하다"며 "정부는 수급권자에게 최악의 선택을 하게 한 것"이라고 말했다.

"지금도 막막한데 앞으로가 더 막막해요"

○○ 영미 씨는 10월 26일 '동의서 제출 마감은 10월 29일'이란 문자메시지를 받았다. 그는 마감일에 맞춰 동의서를 제출했다. 원래 매달 1일이 '월급날'이지만 11월이 되어도 근로장학금은 들어오지 않았다. 살길이 막막했다. 갑작스럽게 '월급'을 못 받게 된 학생들에겐 당장 11월의 생활비가 없었다. 서울 하늘 아래 혼자인 영미 씨도 빈털터리다.

○○ "지금도 막막한데 앞으로가 더 막막해요." 영미 씨는 결국 울음을 터뜨렸다. "친구들은 이제 1학년이 끝나가니 언제쯤 휴학을 하고 어느 나라로 연수를 갈까 고민을 해요. 저도 교환학생에 지원하고 싶은데 토플 준비를 위해 한 달 학원에 다닐 돈도 없어요. 저는 서울에 와서야 제가 아무리 발버둥 쳐도 저들과 비슷하게 살아갈 수 없다는 현실을 깨달아요. 왜 하필 공부를 잘했는지, 이제는 제 자신이 원망스러워요. 이런 식으로 대학을 졸업한다고 해서 제게 희망이 있을까요?" 울음 사이로 던진 질문은 어둡고 절박했다. 세상은

분명 열심히 살아온 그를 놀리고 있었다.

○○ 그에게 무슨 말인가를 건넨 듯하다. 마음속의 우울을 떨치고 일단 머리도 매일 감고 옷도 갈아입으라고 했다. 힘들어도 웃어보자, 나도 함께 방법을 찾아보겠다고 약속했다. 울음을 그친 영미 씨가 커피를 몇 모금 마셨고 긴 대화를 마무리했다. 몇 달 뒤 그에게서 편지가 왔다. 노란 편지지였다. 편지지 색깔만큼 밝은 글귀가 눈에 들어왔다. 서울에 와서 어둡게만 생활하던 자신에게 나는 '근래에 만난 가장 밝은 사람'이었다고 했다. 자기 나이에 맞게 우울함을 떨치고 희망차게 살아보겠다고 했다.

○○ 한해 두해가 갈수록 소위 명문대에는 기초생활수급자 등 어려운 가정환경을 딛고 일어난 이들의 숫자가 줄어들고 있다. 싱그러운 젊은이들에게 꿈 꿀 기회를 앗아가는 사회에 희망이 있을까. 서울 신촌의 젊은 인파 사이에서 굽은 어깨로 눈물을 흘리던 영미 씨의 모습이 잊히지 않는다.

꿈꾸기 힘들고

대출 사기단에 걸려 가짜 결혼한 청춘

'30만 원에서 300만 원! 무직자 가능'

○○ '빚 권하는 사회'가 문제라고들 말한다. 사채는 무서우니 쓰지 말라고 쉽게들 말한다. 그러나 지금 이 순간에도 누군가 극심한 고통 속에서 사채에 손을 대고 빚의 구렁텅이에 빠져든다. 뻔한 이야기만 늘어놓는 세상은 가장 비극적인 순간 냉정하게 등을 돌린다. 생활비 100만 원 때문에 대출 사기단에 제 발로 찾아가 거짓 결혼까지 해야 했던 한 청년의 이야기는 그래서 더욱 안타까웠고, 대안은 잘 보이지 않아 답답했다.

○○ 2011년 6월 9일 서울 영등포경찰서 형사과에서 범인 검거와 관련한 보도자료를 냈다. '대출 광고를 보고 찾아온 서민들에게 가짜 전세계약서, 허위 혼인신고서 등을 작성하게 한 뒤 시중은행의 전세자금 대출을 받아 가로

채는 수법으로 모두 6억 5000만 원의 부당이득을 취한 일당을 구속했다'는 내용이었다.

○○ 경찰은 대출 사기단이 "신분증 대출! 30만 원에서 300만 원! 신불자, 무직자 가능" 등의 문구를 새긴 광고물을 뿌린 뒤 급전이 필요해 찾아오는 이들을 상대로 불법 대출을 권해왔다고 밝혔다. 이들은 전세계약서와 재직증명서 등의 증빙서류만 갖추면 시중은행 다섯 곳에서 별도의 담보나 확인절차 없이 '국민주택기금대출'을 받을 수 있다는 점을 악용했다.

○○ 경찰은 이들이 대출 명의자 한 사람당 4000만~6000만 원을 불법 대출했으며, 명의자에게는 대출금의 10~20퍼센트만 건네고 나머지 돈을 가로챘다고 밝혔다. 대출 명의자들은 경찰 조사에서 "불법 대출을 거부하거나 그에 대해 항의하면 공갈과 협박에 시달려야 했다"고 진술했다. 경찰은 "정상적인 대출을 받기 어려운 서민들이 사채를 이용하려다 오히려 돈을 갈취당하고 자신도 사기 혐의에 연루되는 등 이중으로 피해를 봤다"고 말했다.

○○ 피해자 중에 20대 남성이 눈에 띄었다. 돈을 빌리려고 거짓으로 모르는 여성과 혼인신고까지 하고 결국 돈은 다 뜯긴 채 대출 사기단의 협박만 받은 것이다. 경찰에 신고할 때까지 극심한 고통을 겪었을 터다. 그는 누굴까? 젊은 나이에 무슨 사연이 있기에 대출 사기단에 걸려들 정도로 급박하게 돈을 원했을까? 그에게 전화를 걸었다.

아무도 아픈 그를 기다려주지 않았다

○○ 스물아홉 장기호(가명) 씨의 목소리에는 힘이 없었다. 그러나 대화를 피

하지는 않았다. 오히려 가슴속에 쌓여 있던 응어리를 풀어내듯 자신이 살아 온 인생과 대출 사기단에 억울하게 당해온 이야기를 쏟아내기 시작했다.

○○ 장 씨는 대출 사기단이 구속되기 한 달여 전인 5월에 직장을 잃었다. 고등학교 졸업 이후 10년 동안 그는 언제나 성실하게 일했지만 가난했다. 편의점 아르바이트, 방송국 카메라 보조 등으로 최저임금 수준의 돈을 벌었다. 최근까지 방송국의 카메라 보조를 했는데 밤을 새워서 일해도 일당 6만 원이 전부였다. 그마저도 일이 있는 날에만 돈이 나왔다. "일이 있으니 나오라"는 방송국 쪽의 전화가 있어야 일을 할 수 있었다. 노동시간은 불규칙하면서 노동강도는 센 일이었다.

○○ 한 달 수입을 모아도 얼마 되지 않았다. 저축은 꿈꾸기 어려웠다. 5월에는 감기에 걸렸는지 몸이 계속 아팠다. 가난한 이에게 몸이 아픈 것은 넘어설 수 없는 재앙이다. 몸뚱이 하나로 빈곤노동을 버텨 그날그날 생계를 이어가야 하기 때문이다. 그런데 장 씨는 아팠고, 결국 일을 못하게 됐다. 일터에서는 아픈 그를 기다려주지 않았다.

○○ 장 씨는 꼭 돈을 벌어야 하는 상황이었다. 어릴 때 부모가 이혼한 뒤 그는 어머니와 둘이 살았다. 몇 해 전부터 어머니는 시름시름 앓다가 몸져누웠다. 장 씨는 어머니의 수발과 병원비를 모두 감당해야 했다. 그가 벌어오는 돈은 두 사람의 생계비이자 어머니의 약값이었다. 그런데 5월부터 벌이가 끊겼고 장 씨까지 몸져누우니 집안 살림은 엉망이 되어갔다.

○○ 한시바삐 다른 일자리를 찾아봐야 했다. 장 씨는 마음을 먹고 길에 나가 〈벼룩시장〉 등 생활정보지를 한움큼 들고 왔다. 구인란을 들여다보던 장 씨의 눈에 "신분증 대출! 30만 원에서 300만 원! 신불자, 무직자 가능"이란 광

고 문구가 들어왔다. 직장이 없어도 대출을 해준다니, 게다가 30만 원에서 300만 원의 소액 대출이라니, 장 씨 자신을 위한 것 같았다. '100만 원만 빌려봐야지' 생각하며 전화번호를 눌렀다. 일단 묻기라도 해볼 요량이었다.

○○전화를 받은 남자는 "일단 만나서 이야기하자"고 했다. 다음 날 한 남자가 장 씨가 살고 있는 동네 지하철역 앞으로 찾아왔다. 남자는 고급 승용차를 타고 있었다. 스스로를 '박 실장'이라고 소개했다. 박 실장은 장 씨에게 차에 타라고 했다. 차 안에서 박 실장이 말했다. "100만 원을 빌리고 싶다고요? 100만 원은 그냥 되는데 만약에 돈이 좀더 필요하시면 다른 일도 있습니다만…."

"혼인신고만 하면 돈을 줄게요"

○○박 실장은 장 씨에게 "대포폰을 몇 개 만드는데 명의를 빌려주면 1000만 원 정도를 맞춰줄 수 있다"고 제안했다. 장 씨는 "돈이 워낙 없을 때라 그 이야기를 듣는 순간 정말 큰 유혹으로 다가왔다"고 말했다. 며칠 뒤 주민등록등본, 인감증명서 등의 서류를 넘기자 순식간에 장 씨의 손에 100만 원이 쥐어졌다. 하지만 연락을 기다리라던 박 실장은 약속한 1000만 원을 주지 않았다. 조바심이 난 장 씨는 또 대부업체에 전화를 걸었다.

○○100만 원은 금세 바닥이 났다. 한번 대출에 손을 대니 대출의 유혹은 더 쉽고 강렬하게 왔다. 대포폰 제작에 불법으로 명의를 빌려준 것을 후회하며 이번에는 텔레비전 광고에 많이 나오는 유명 대부업체를 찾았다. 그곳에서 300만 원을 대출받았다. 이 사실을 알게 된 박 실장이 찾아와 노발대발 화를

냈다. 조용조용히 말하던 예전과는 다른 분위기였다. "야, 이 개새끼야, 너 때문에 일이 빠그러졌잖아! 당신이 다 책임져!" 덩치가 큰 사내 몇 명이 함께 와서 겁을 주었다. 결국 대출금 300만 원 중 150만 원을 뺏겼다.

○○박 실장은 "혼인신고를 해서 가족관계증명서를 떼주면 약속한 1000만 원을 주겠다"고 말했다. 35세가 안 된 사람이 국민주택기금대출을 받으려면 반드시 기혼자여야 한다고 했다. 서류 위조를 도와주고 나면 정말 1000만 원을 받을 수 있을까? 믿기 어려웠지만 멈추기에는 너무 멀리 왔다. 박 실장과 '덩치'들의 협박도 두려웠다.

○○5월 17일 장 씨는 서울 영등포구청 앞에서 20대 중반의 이은하(가명) 씨를 만났다. 두 사람은 서로 얼굴도 제대로 쳐다보지 않았다. 장 씨는 어렴풋이 이 씨가 장애가 있는 것 같다고 느꼈다. 둘은 이날 혼인신고를 했다. 두 사람이 부부로 기록된 가족관계증명서를 받아들고 나오면서 장 씨는 이 씨에게 물었다. "왜 이런 일을 하게 됐어요?" "돈이 없어서요. 혼인신고만 해주면 200만 원을 준댔어요." 언어장애가 있는 이 씨가 어눌하게 답했다. "저도 그래요." 장 씨가 말했다.

○○이 씨는 5월초 한 통의 문자메시지를 받고 대부업체를 알게 됐다고 했다. "신용불량 무관, 혼인신고만 하시면 수고비 드리니 돈 급하신 분 연락주세요." 경기도 안산에서 혼자 살며 주변 공장에 일용직으로 일을 하러 다녔던 이 씨는 최근 한 달이 넘도록 일을 하지 못해 생활비가 다 떨어진 상황이었다. 문자메시지를 보다가 휴대전화의 통화 버튼을 눌렀다. 전화 너머의 목소리는 "혼인신고만 하면 수고비로 200만 원을 주겠다"고 유혹했다.

넘쳐나는 대출 광고의 유혹

○○대출 피해자들은 "돈이 필요할 때면 어김없이 대출 광고 문자가 오고, 대출 광고 전단이나 전화를 받게 되더라"며 한숨을 쉰다. 빚을 지고 둘러대는 핑계만은 아니다. 실제 케이블방송을 켜놓으면 대출을 권하는 친근한 CM송이 쉴 새 없이 흘러나오고, 버스나 지하철 안에서도 대부업체 광고가 승객의 시선을 붙잡는다. 거리에는 한밤중에도 대출을 받을 수 있는 대부업체 자동화기기까지 등장했다. 대학가에도 '엄마 대출' '쉽고 빠른 대출' 등의 광고 전단이 흩날린다. '○○캐피탈론, 고객님은 월 5만 2,000원으로 900만 원 사용가능'과 같은 문자메시지도 매일같이 받는다.

○○서민들을 유혹하는 대출 광고의 심각성은 통계 수치로도 확인된다. 케이블방송 채널의 경우 대부업체 광고를 하루 최대 58차례나 내보내고, 광고 매출의 최대 15퍼센트를 대부업체 광고에 의존하고 있는 것으로 나타났다. 방송통신위원회의 '2010년 7월 방송프로그램 제공업체 대부업 매출현황' 자료를 보면, 모두 29개 케이블방송 채널 가운데 대부업체 광고를 가장 많이 내보낸 채널은 'QTV'로 하루 평균 58차례에 달했다. 대부업체만이 아니라 저축은행이나 신용카드사 등 제2금융권의 대출 광고까지 포함하면 케이블방송 채널의 대출 광고 노출 빈도는 훨씬 늘어난다. 생활정보지와 인터넷 공간은 대출 광고로 도배된 지 오래다.

○○서민들이 대출 광고에 무방비로 노출되면서 대부업체 이용자도 급격히 늘고 있다. 2010년 12월 기준 대부업체 이용자는 221만 명으로 대출 잔액은 7조 5655억 원에 달했다. 6개월 전에 견줘 대부업체 이용자는 16.6퍼센트(31만 명), 대출 잔액은 11퍼센트(7497억 원) 늘었다. 장 씨와 이 씨처럼 생활정보

지나 문자메시지로 대부업체 광고를 접하고 대출의 유혹에 빠지는 이들은 너무나 많다.

○○장 씨와 이 씨가 혼인신고를 마친 뒤 가족관계증명서를 건네고 나서도 박 실장에게서는 연락이 없었다. 모르는 여성과 결혼까지 하게 된 장 씨는 괴로움에 밤잠을 설쳤다. 대부업체에 연락을 했더니 덩치 네 명이 찾아와 위협했다. 장 씨는 "혼인신고까지는 하고 싶지 않았지만 이미 수렁에 빠져 대부업체의 협박에 선택의 여지가 없었다"고 말했다. 결국 용기를 내어 경찰에 신고했다.

○○경찰은 대출 사기단과 함께 장 씨와 이 씨 등 피해자들도 불구속 입건했다. 문서를 위조해 허위 대출을 도운 혐의다. 직장을 잃고 건강을 잃고, 살기 위해 너무도 돈이 필요한 사람들. 장 씨는 "나이가 있다 보니 갈수록 작은 아르바이트 자리도 취직이 잘 안 되고… 너무 힘들었다"고 말했다. 이제 대출 사기단을 구속시켰지만 장 씨의 생활은 나아질 기미를 보이지 않는다. 노모의 병세는 악화되어가고 좋은 일자리는 구하기 어렵다. 장 씨는 "돈이 필요하다고 저처럼 대출 사기당하는 사람이 더이상 생기지 않았으면 좋겠다"고 말하고, 조용히 전화를 끊었다.

나 너 우리

우리 나라
대출 민국

영희야, 돈 좀 있니?

아니. 대출 받을까?

3

당신도 여자라면

회사가 나를 성희롱했다

★
★
★

박 부장의 못된 손

○○ 한두 번 당한 게 아니다. "상무님, 잘 모셔." 박 부장이 느끼한 목소리를 귓가에 흘리며 엉덩이를 툭 쳤을 때 '더이상은 참을 수 없다'는 생각이 울컥울컥 올라왔다. 국내 굴지의 대기업 삼성전기의 영업본부 대리였던 서른한 살 이은의 씨가 2005년 6월 동유럽 출장에서 겪은 일이다.

○○ 박 부장은 평소에도 손버릇이 안 좋기로 여직원들 사이에서 유명했다. 사무실에서 앉아 일을 하고 있노라면, 그는 뒤에서 여직원의 목이나 머리카락을 만지작거렸다. 등 쪽의 브래지어 끈 위에 손바닥을 얹어놓기도 다반사였다. 적극적으로 몸을 움직여 빼기도 뭣한 애매한 상황이 이어졌다. 그래도 다들 문제를 일으키고 싶지 않아 참는 분위기였다.

○○ 하지만 출장지에서 박 부장의 행동은 도가 지나쳐도 너무 지나쳤다. 엉

덩이를 치며 상무님을 잘 모시라니, 순간 직업여성 취급을 당한 듯해 얼굴이 화끈거렸다. 하필이면 이날 은의 씨는 얇은 시폰 소재의 스커트를 입고 있었다. 얇은 옷감 위로 느껴지는 박 부장의 손길이 너무도 불쾌했다. 수치심에 귓불이 벌게졌다.

○○다음 날에는 출장지에서 일정을 마치고 회식을 했다. 밥을 먹고 자연스레 술자리가 이어졌다. 3차로 간 노래방에서 박 부장은 은의 씨에게 블루스를 추자고 추근거렸다. 은의 씨가 거절하자 박 부장은 호텔 로비까지 와서 잔소리를 해댔다. “자네, 여사원으로서 해줘야 하는 의전이 부족한 거 아냐? 아침에 상냥하게 모닝콜도 해주고 술자리 분위기도 좀 잘 맞추고 해야지 말이야….”

○○출장에서 돌아오자마자 은의 씨는 인사부서를 찾아가 박 부장의 만행을 신고했다. 하지만 이야기를 듣는 인사부장의 표정이 떨떠름해 보였다. 인사부장은 이야기를 깊게 들을 생각도 하지 않았다. 결국 “조사해보고 곧 연락을 주겠다”는 답만 듣고 면담을 마쳐야 했다. 그때까지만 해도 은의 씨는 이 싸움이 이리도 길어질 줄, 링 위에서 자신이 그토록 불리한 입장에 서게 될 줄 상상도 하지 못했다.

○○용기를 내어 신고했지만 인사부서에서는 한동안 아무런 소식이 없었다. 그사이 박 부장은 회사에서 거액의 명예퇴직금을 받고 분사회사의 임원으로 자리를 옮겼다. 삼성전기 같은 대기업에서는 흔히 있는 일이다. 그제야 인사부장은 은의 씨를 불러 “가해자가 퇴사했기 때문에 회사가 조치를 취할 방법이 없다”고 말했다. 박 부장이 임원으로 간 분사회사는 이름만 다른 회사일 뿐 사무실은 은의 씨와 같은 건물에 있었다. 신고를 했으나 아무런 조치도 이

루어지지 않은 상황에서 은의 씨는 박 부장과 계속 얼굴을 마주쳐야 했다. 기가 막힌 상황이었다.

"니가 부서장 등에 칼을 꽂았다며?"

○○ 하지만 그것은 '기가 막힌 상황'의 시작에 불과했다. 회사는 곧 은의 씨가 속해 있던 팀을 재배치하면서 은의 씨의 발령만 내지 않았다. 그는 아무런 설명도 듣지 못한 채 인사부서 한 귀퉁이에 책상을 놓고 앉아 있어야 했다. 말로만 듣던 대기 발령이었다. 인사고과 철이 되자 인사부장은 은의 씨에게 매우 낮은 점수인 'C-'를 주었다. 그가 항의하자 인사부장은 "상사의 성희롱을 회사에 고지하는 것은 조직 부적응"이라는 말을 내뱉었다.

○○ 그제야 은의 씨는 상황이 어찌 돌아가는지 짐작할 수 있었다. 부서장의 성희롱 사실을 고발한 그는 회사에 '문제아'로 찍혀 있었던 것이다. '무노조 신화'를 만들어가고자 하는 삼성이란 조직 안에서 혁명을 도모하는 직원은 골칫덩이로 보일 뿐이었다. 회사는 박 부장을 징계하기는커녕 슬며시 은의 씨를 밀어내고 있는 중이었다.

○○ 아무런 업무도 없이 홀로 책상을 지키는 사이 시간은 흘러갔다. 딸자식이 삼성에 다니는 사실을 자랑스러워하는 부모님께는 말도 꺼내지 못한 채 홀로 속을 태우는 나날이었다. 8개월여 동안 수없이 항의한 끝에 은의 씨는 IR부서로 발령을 받았다. 2006년 2월 새 사무실로 출근을 한 날, 그는 부서장과의 면담에서 충격적인 이야기를 들었다. "니가 부서장 등에 칼을 꽂았다는데 사실이냐?" 새 부서장은 박 부장과 ROTC 선후배로 입사 초부터 친한

사이였음을 강조했다.

○○ 은의 씨는 새 부서에서도 좀처럼 제대로 된 업무를 맡지 못했다. 부서장은 각종 업무에서 노골적으로 은의 씨를 배제했다. 그러면서 퇴근 후에 어딜 가는지까지 보고하라는 황당한 지시를 내리곤 했다. 따돌림의 시작이었다. 부서장의 행동에 부서원들도 눈치를 보기 시작했다. 하루 종일 아무도 은의 씨에게 말을 걸지 않았다. 점심도 함께 먹지 않았다. 회식 자리에서도 그의 잔에만 술을 채워주지 않았다. 부서장 주도의 노골적인 '왕따'는 13개월간 이어졌다.

○○ 성희롱 피해자인데도 가해자는 처벌당하지 않은 채 조직 안에서 죄인 취급을 당하는 일은 너무나 괴로웠다. 노골적인 왕따는 자살을 생각하게 할 만큼 잔혹했다. 그사이 아버지까지 돌아가시자 은의 씨는 심각한 우울증에 빠져 매일같이 죽음을 생각하기도 했다. 하지만 자신을 자랑스러워하던 아버지를 생각해서라도 정신을 차리자고 마음을 다잡았다.

○○ 13개월 만에 부서장은 은의 씨에게 "우리 부서에서 나가달라"고 통보했다. 2006년 4월 이번에는 사회봉사단으로 강제발령이 났다. 이때부터 은의 씨는 '전쟁'을 준비했다. 성희롱, 대기발령, 왕따까지 회사에서 당한 일들을 증명할 만한 자료를 모으고 또 모아 2007년 5월 국가인권위원회에 진정을 넣었다. 회사와의 싸움이 시작됐다.

○○ 한국 최고의 재벌 삼성과 일개 대리, 다윗과 골리앗의 싸움이었다. 제대로 된 노조가 없는 삼성에서 회사로부터 부당한 대우를 받은 노동자는 도움 받을 곳이 없었다. 어느 누구도 은의 씨의 싸움에 나서서 손을 잡아주지 않았다. 주변 직원들은 모두 그를 경계했다. "선배를 응원한다"던 후배 직원도,

"나도 그런 일을 당했다"던 동료도 은의 씨가 전면적인 싸움에 나서자 행여 자신에게 불똥이 튈까 싶어 서둘러 연락을 끊었다. 그는 갈수록 회사 안에서 '위험인물'이 되어갔다.

싸움에서 이긴 뒤 회사를 나가리라

○○마지막 희망을 걸고 넣은 진정이었지만 사건을 접수한 인권위에서도 한동안 연락이 없었다. 삼성은 은의 씨의 큰아버지부터 친했던 퇴직 사우까지 접촉해 은의 씨를 압박했다. 누구를 믿어야 할지, 어느 곳에 억울함을 호소해야 할지 알 수 없었다. 한국 사회가 삼성이라는 거대한 힘에 좌지우지되는 듯해 외롭고 불안했다. 힘든 시간이었다.

○○그럴수록 은의 씨는 정면 돌파를 선택했다. 블로그를 열어 자신의 상황에 대해 쓰기 시작했다. 글쓰기는 그가 할 수 있는 모든 것이었다. 갈수록 온라인상에서 그의 블로그 글이 파장을 일으켰다. 회사도 은의 씨의 블로그를 감시하기 시작했다.

○○회사와 싸우면서도 절대로 회사를 그만두지 않았다. 패배자처럼 쫓기듯 회사를 나가는 모습은 보이고 싶지 않았다. 회사를 나간다면, 싸움에서 이겨서 나가리라 다짐했다. 2008년 5월에는 부서장과 회사를 상대로 손해배상 소송을 제기했다.

○○2008년 7월, 국면이 전환됐다. 〈한겨레〉에 은의 씨에 대한 보도가 나간 것이다. 은의 씨는 이 기사에서 실명은 물론 사진까지 공개했다. 사진을 찍으며 기자에게 그가 요구한 것은 단 한 가지였다. "예쁘게 찍어달라는 것"이었

다. 그는 "불쌍한 피해자처럼 보이고 싶지 않다"고 했다. 은의 씨는 고개를 숙이지 않았다.

○○기사의 파장은 대단했다. 포털사이트 대문에 하루 종일 은의 씨의 기사가 걸렸고 삼성은 발칵 뒤집혔다. 굼벵이 같았던 인권위 조사에도 끝이 보였다. 2008년 9월 인권위는 삼성전기 대표이사에게 성희롱 재발방지 대책을 수립할 것을 권고하는 차별시정 권고를 내놨다. 두 달 뒤 회사는 인권위의 권고에 불복해 행정소송을 제기했다. 은의 씨는 노동부를 상대로 한 형사고발을 추가했다. 타사의 언론 보도도 이어졌다.

○○갈수록 바빠졌지만 이 모든 일을 오롯이 혼자 감당해내야 했다. 싸움이 커지자 "문제 제기를 하면 도와주겠다"던 동료들도 증언을 기피했다. 회사에서 인사상 불이익을 받는 그를 보며 "선배를 응원하지만 선배처럼 살 수는 없다"고 말하는 후배도 있었다. 성희롱 문제 제기를 끝으로 그의 승진도 멈췄다. 2005년 성희롱을 당할 당시 대리였던 은의 씨는 소송이 끝난 2010년까지 '만년 대리'로 살아야 했다.

○○노조를 만들어볼 생각도 해봤다. 하지만 입사 첫해인 1998년 당시 잠시 근무했던 삼성자동차에서 노동자들과 함께 노조 만드는 법을 문의하러 노동청에 갔다가 부모님 집에까지 임원이 찾아왔던 일이 생각났다. "나 하나 괴롭고 힘든 것은 괜찮은데 다른 동료들까지 힘들게 할까봐 무서워서" 포기했다. 대신 2009년 노사협의회에 근로자위원으로 입후보하려 했다. 이 사실을 안 회사는 후보 등록 기간 사흘간 은의 씨를 지방으로 출장 보냈다. 회사는 은의 씨가 근무 시간에 빵을 먹고 신문을 읽는 등 불량한 태도를 보였다며 경위서를 써내라고 하기도 했다. 징계를 받으면 2년간 노사협의회 근로자위원

에 입후보할 수 없게 된다. 은의 씨는 "삼성은 늘 노조 없이도 노동자의 권리를 보호해준다고 말하지만, 내게 일어난 일을 보면 그 말이 얼마나 허상인지 알게 된다"고 말했다.

"이제 아무도 감시하지 않아 행복해요"

○○2010년 4월 15일, 마침내 길고 힘든 싸움에 결판이 났다. 수원지법 성남지원 민사합의1부는 "삼성전기는 전 부서장과 함께 250만 원, 또 별도로 3750만 원을 배상하라"고 판결했다. 법원은 판결문에서 "박 씨의 성적 표현 행위로 인해 이 씨의 인격권이 침해되고 정신적 고통을 받았을 것이 명백하다"며 "그런데도 삼성전기가 오히려 이 씨에게 불이익한 조처까지 취했다"고 밝혔다.

○○자신이 다니는 회사와 싸우면서도 결코 사표를 내지 않고 버텼던 은의 씨는 법원 판결이 나오고 나서야 비로소 퇴사했다. 2010년 10월, 드디어 회사를 퇴직한 것이다. 쫓기듯 회사를 나온 것이 아니었다. 로스쿨 입학 준비를 마치고 개인적인 정리를 마친 뒤 사표를 제출했다. 회사 인사팀에서는 '앞으로 회사에서 있었던 일을 더이상 문제 삼지 않는다'는 내용의 각서에 서명할 것을 요구했지만 거부했다. 사인을 하면 얼마간의 보상을 받을 수 있었겠지만, 은의 씨에게 중요한 것은 돈이 아니었다.

○○2011년 3월, 이 씨는 전남대 로스쿨에 입학했다. 그해 10월에는 그동안 자신의 삼성살이를 담은 책 《삼성을 살다》(사회평론, 2011)를 출간했다. 회사가 내민 각서를 거부했기에 가능한 일이었다. 은의 씨는 "퇴사 소식을 알고

는 얼굴도 모르는 수백 명의 삼성 직원들이 전화나 이메일 등으로 격려와 지지의 뜻을 보내왔다"며 "삼성뿐 아니라 한국 사회의 문제를 직시하며 나처럼 외롭고 힘들게 싸워야 하는 사람들을 돕는 변호사가 되고 싶다"고 말했다.

○○ 한국외대를 졸업하고 삼성에 입사할 때 받았던 세상의 찬사를 그는 기억한다. '엄친딸'인 그를 부러워하던 친구들, 자랑스러워하던 부모님을 떠올려본다. 부서장의 성희롱을 겪고 아무도 도와주지 않는 싸움을 해야 했던 지난 7년, 은의 씨는 "많이 강해졌다"고 자신을 평가했다.

○○ 로스쿨에 가서 다시 시작한 캠퍼스 생활은 행복하기 그지없다. '기숙사 침대에서 아침에 눈을 뜨는데 너무 행복했다. 왜일까 생각해보니 아무도 나를 감시하지 않고 경계하지 않는다는 사실 하나만으로도 행복한 것이더라.' 로스쿨에서 한 학기를 보낸 뒤 그는 내게 말했다. 그간 그의 고통이 얼마나 깊었는지가 배어나는 말이었다. 이제 그는 다시 당당히 자신의 꿈을 향해 나아갈 준비를 하고 있다.

○○ '잘나가는 여성'인 당신에게 묻고 싶다. 어느 날 당신의 직장 상사가 당신을 성희롱한다면 어떻게 대처할 것인가. 꾹 참을 것인가, 수치심에 회사를 그만둘 것인가. 아니면 회사에 신고를 하고 가해자 처벌을 위해 소송이라도 불사할 것인가. 여성이 당당하게 일하기에 아직까지 한국 사회에는 걸림돌이 너무나도 많다. 그런 사회에서 은의 씨는 길고 외로운 싸움을 견뎌 희망을 보여주는 하나의 선례를 만들었다. 포기하지 않고 저벅저벅 걸어가는 그에게 응원과 존경의 박수를 보낸다.

성과 싸워 이기고

그놈 목소리, 콜센터는 우울하다

'욕설받이' 항공사 예약센터 정직원

"야, 이 미친년아. 내 딸이 비행기 탔는지 탑승 확인 좀 하겠다는데 뭐가 문제야?"

"손님, 죄송합니다. 그래도 욕하지 마시고요…."

"뭐? 너 내가 지금 찾아가서 죽여버릴 줄 알아!"

목소리는 침착하게 내고 있었지만, 어느새 수정(가명) 씨의 눈가에는 눈물이 고였다. 전화기를 든 손이 덜덜 떨렸다. 김포에서 제주로 떠나는 항공기에 자신의 딸이 탔는지 확인해달라고 전화한 중년 남자에게 규정에 따라 '탑승 여부는 개인정보여서 확인해드릴 수 없다'고 안내하자 욕설이 쏟아졌다. 그런데도 수정 씨는 "죄송합니다"를 연발하며 그 욕을 다 받아낸 뒤 전화를 끊을 수밖에 없었다. 그이는 한 항공사의 콜센터 직원, 그 남자는 고객님이기 때문이다.

○○수화기를 내려놓으며 눈앞에 켜져 있는 컴퓨터 모니터를 흘끗 봤다. 대기시간 1,000초. 전화가 밀려 전화를 건 '고객'이 16분 넘게 대기해야 상담원과 연결된다는 뜻이다. 대기시간이 길다 보니 전화가 연결될 즈음이 되면 고객들은 이미 화가 날 대로 난 상태다. 다음 전화를 연결하기도 전에 고함치는 소리가 들리는 듯했다. 눈물이 고였다.

○○하지만 잠시 마음을 가다듬을 새도 없이 다음 전화를 받아야 한다. 화장실이라도 가려면 자신의 부스에는 전화가 연결되지 않도록 연결 보류를 해두고 가야 한다. 연결 보류를 자주한 직원은 아침 조회시간에 상사의 잔소리를 들어야 한다. 수정 씨는 터져나오는 한숨을 꾹 참고 다음 전화를 받았다. "이런 씨발, 전화를 왜 이렇게 안 받아?" 시작부터 욕이다.

○○스물여덟 살의 수정 씨는 2년 전부터 정신과치료를 받기 시작했다. 아무리 심호흡을 해봐도 갈수록 전화를 받기가 무서워졌다. 가만히 있어도 불안하고 사람 만나는 일이 무서웠다. 의사는 수정 씨가 우울증에 대인기피증을 앓고 있다고 했다. 항우울제를 먹으며 회사에 나와 전화를 받았다. 하는 일이 힘들다고 하소연하면 가족마저 이해해주지 않았다. 너만 힘든 줄 아냐, 다른 일도 다 힘들다, 2년제 대학 나와서 큰 항공사 정직원되기 쉬운 줄 아냐, 참고 다녀라…. 인사부에서는 부서를 바꿔달라는 수정 씨의 요청을 받아들이지 않았다.

○○자신에게 험한 말을 쏟아놓은 고객들에 대해 이야기하면서 수정 씨는 울듯한 표정을 지었다. 그는 대학을 졸업하던 해에 특채로 국내 한 항공사에 입사했다. 그때가 겨우 스물두 살이었다. 세상을 다 가진 기분이었다. 그토록

들어가기 힘들다는 항공사에 단번에 척 붙었으니 주변에서 부러워하는 이들도 많았다. 그때만 해도 회사가 자신의 인생을 이리도 피폐하게 만들리라고는 생각하지 못했다.

"넌 늪에 발을 들여놓은 거야"

○○ 주로 대학 졸업반이나 졸업을 막 한 여성을 인턴으로 선발하는 이 항공사는 1년 6개월의 인턴 기간이 끝나면 영어 점수와 별도의 시험 성적을 합산해 평가한 뒤 합격자만 정직원으로 전환해줬다. 회사는 예약, 발권, 운송 등 업무 프로세스에 관한 '여객 시험'을 3개월에 한 번씩 실시했다. 70점 이상을 받아야만 했다. 시험 스트레스가 컸지만 수정 씨는 불평하지 않았다. 인턴만 벗어날 수 있다면, 정직원만 될 수 있다면! 이 생각으로 하루하루를 버텼다.

○○ 1년 6개월 만에 정직원으로 전환되기 위한 시험을 봤지만 떨어졌다. 다시 6개월을 인턴으로 버텼다. 2년 만에 정직원으로 전환된 뒤 인천공항과 항공사 본사 등에서 근무했다. 그리고 입사 5년차가 됐을 때 결혼을 했다.

○○ 그가 결혼한다는 소식이 알려지자 회사 상사가 그를 불러 면담을 했다. 상사는 그에게 예약센터로 가서 일해보면 어떻겠냐고 물었다. 갑작스런 제안에 일단 알겠다고 답했다가, 며칠 뒤 다시 찾아가 가기 싫다는 뜻을 밝혔다. 하지만 회사는 "이미 결정돼 어쩔 수 없다"며 그를 예약센터로 발령냈다. 알고 보니 기업 특성상 여직원이 많은 이 항공사는 여직원이 결혼을 할 경우 예약센터로 배치하는 경우가 많았다.

○○ 예약센터에서 일하다 보면 또다른 부서로 옮겨갈 기회가 있겠지, 수정

씨는 생각했다. 예약센터는 항공권을 예약하고 스케줄을 변경하고 취소하는 등 모든 업무가 전화로 이루어지는 곳이다. 수정 씨의 자리는 칸막이가 쳐진 작은 전화부스였다. 일반 회사의 콜센터와 비슷한 역할을 하지만 항공사 예약센터는 다른 회사보다 중추적인 역할을 한다고, 수정 씨는 믿었다.

○○ 하지만 동료들의 이야기는 달랐다. 그보다 먼저 예약센터에 배치돼 일하던 동료들은 "넌 늪에 발을 들여놓은 것"이라고 말했다. 그곳에는 인사평가에서 좋은 점수를 받지 못해 10년째 대리 진급조차 못한 사원들이 많이 있었다. 결혼을 한 여성의 경우 다른 팀으로의 이동을 원해도 좀처럼 이동이 되지 않았다. 무엇보다 우울증 등 마음의 병으로 힘들어하는 이들이 여럿이었다.

○○ 그래도 긍정적인 마음으로 일하면 되겠지, 수정 씨는 그렇게 생각했다. 하지만 얼마 지나지 않아 깨달았다. 작은 전화부스 안에서 그가 해낼 수 있는 일은 많지 않았다. 아무리 상냥하게 전화를 받고, 빠르고 정확하게 정보를 제공해도 고객의 짜증, 불만, 욕설은 끝이 없었다.

○○ 자신이 보기에도 불합리한 항공 규정 때문에 고객의 불만이 터져나올 때는 무기력한 기분마저 들었다. 항공사 마일리지 규정의 경우에는 가족끼리 합산해서 사용할 수 있는데, 이때 무조건 가족관계증명서를 제출해 가족 등록을 해놓아야 한다. 누가 봐도 직계가족임을 알 수 있다 하더라도 절대로 예외는 없다. 한 고객이 마일리지를 합산하려다가 이 사실을 알고 다시 주민센터까지 가서 가족관계증명서를 떼왔다. 그런데 주민등록 상의 이름과 여권 상의 이름 표기가 달랐다. 안타깝지만 규정상 절대 마일리지 합산을 해줄 수 없었다. 고객은 전화에 대고 소리를 질렀다. 수정 씨는 어쩔 줄을 몰랐다.

고객의 구박, 동료의 타박, 회사의 압박

○○ 수십 명의 상담직원이 앉아 전화를 받는 예약센터 안에는, 그래서 늘 긴장과 불안이 용암처럼 흘렀다. 각자 마음의 병을 앓고 있는 동료들은 서로에게도 예민하게 날을 세웠다. 말 한마디 곱게 오고가는 일이 없었다. 전화 안내를 하다가 모르는 것이 있어 '홀드'를 걸어놓고 옆자리 동료에게 물어보면 "공지사항에 뜬 것 못 봤어?"라며 타박만 주는 경우가 많았다. 어느새 상담원들은 고객에게 받은 상처를 동료들에게 되갚아주고 있었다.

○○ 회사의 지나친 감시와 평가도 상담원들을 괴롭혔다. 예약센터 직원들은 오전 5시부터 오후 11시 사이에 지정된 스케줄표에 따라 아홉 시간을 근무하게 된다. 출근은 정해진 시간보다 20~30분 전에 해야 한다. 그래야 미리 컴퓨터를 켜놓고 업무 준비를 마친 뒤 업무 개시 10분 전부터 복도에 서서 조회를 할 수 있다. 매일 조회시간마다 직원들은 전날 받은 콜 수, 고객과의 대화시간, 통화와 통화 사이의 보조시간 등을 평가해 등수를 매긴 표를 보며 상사에게 지적을 당한다.

○○ 목표와 성과는 철저히 숫자로 정리된다. 한 시간에 열다섯 콜을 받는 것이 목표다. 한 콜당 4분씩 쉼 없이 받아야 달성되는 목표다. 목표를 채우지 못하면 지적을 받은 뒤 그 사유를 적어야 한다. 인사평가에도 영향을 미친다.

○○ 업무시간 중에 통화 연결을 보류해두는 보조시간은 무조건 줄여야 한다. 심한 욕설을 듣거나 성희롱을 당해서 몸이 떨려도 통화를 길게 쉬어서는 안 된다. 직원들은 화장실이 아무리 급해도 보조시간이 늘어날까봐 쉽사리 일어서지 못한다. 되도록 두 시간마다 한 번씩 있는 휴게시간을 이용한다. 한 직원은 "배가 너무 아파 화장실에 다녀와보니 내가 자리를 비운 것을 상사가

감정매뉴얼

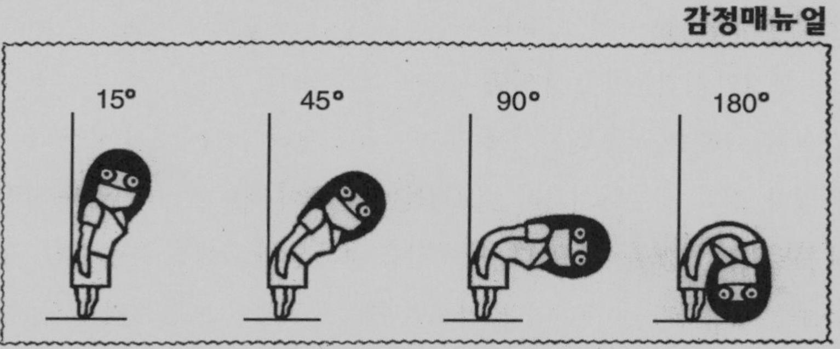

알고 내 컴퓨터를 아예 로그아웃시켜 억울했다"고 말했다. 업무시간을 증명하는 로그인 시간은 반드시 일곱 시간을 채워야 한다.

○○ 아침 조회를 끝내고 자리에 앉으면 이미 모니터에는 대기 시간 표시가 떠 있다. 전화 연결을 기다리는 고객들이 '줄줄이'라는 뜻이다. 업무 시작부터 부담감이 어깨를 짓누른다. 두 시간을 내리 일한 뒤에 15분을 쉰다. 휴게실에는 긴 의자가 네 개뿐이다. 가보면 이미 동료들이 모두 누워 있다. 한쪽에 앉아 15분 동안 꾸벅꾸벅 존다. 목이 아파서 그 누구도 말을 하지 않는다. 쉬어도 쉬는 것 같지 않다.

상냥한 목소리 뒤의 눈물겨운 아우성

○○ 그러던 중 하늘이 무너지는 소식이 들렸다. 회사가 해외 콜센터 업무를 국내 예약센터로 가져오면서 '24시간 콜센터 운영'을 선포했다. 고객의 입장에서는 서비스를 이용하기가 더 편해졌다. 하지만 수정 씨와 같은 노동자들에게는 일이 늘어날 것이 뻔한, 너무도 한숨 나는 소식이었다. 실제로 운영이 삐걱거리고 일이 몰리면서 고객 대기시간이 늘어갔다. 마침내 노동자들이 폭발했다.

○○ 좀처럼 회사를 비판하는 글이 올라온 적 없는 사내 게시판에 "몸과 마음이 아프다"는 예약센터 직원들의 호소가 넘쳐나기 시작했다. 전화상담원의 경우 성대결절, 난청, 목·어깨 통증 등의 증상이 일반적이다.

"현기증에 구토까지 납니다. 목에서 피가 나는 날도 있습니다. 자주 악몽에 시달리며 잠꼬대도 '죄송하다'고 합니다. 정말 정신이 어떻게 되지 않는 게 신기할 지경입니다. 저만 이런 게 아닙니다. 개선이 시급합니다." (오**)

"저도 작년에 예약센터 근무 중 암 진단을 받고 현재는 제 몸 추스르고 있습니다. 제가 왜 젊은 나이에 암 진단을 받았겠습니까? 스트레스 때문이죠." (삐****)

"어느 직원이 버틸 수 있을까요? 저희 대부분 여잡니다. 생리불순, 불임…." (m******)

○○ 그동안 옆자리 동료에게도 털어놓지 못했던 마음의 병에 관한 고백도 줄을 이었다.

"저도 예약센터 직원입니다. 정신과상담을 받으러 다니고 있습니다. 병원에서 회사를 그만두라고 합니다. 오늘도 항우울제를 복용하고 전화를 받습니다. 고객이 난리 치고 욕하고 협박하면 울며 '죄송합니다' 사과하고, 그 작은 부스 안에서 한참을 울다가 다시 눈물 닦고 전화를 받습니다. 살고 싶지 않습니다." (c********)

"살려주세요, 제발…. 이 소리가 매일매일 턱까지 차옵니다." (콩*****)

"한콜 한콜 들어올 때마다 가슴 떨립니다. 정말 힘듭니다." (Y*****)

○○ 노동자들의 눈물겨운 아우성을 기사화한 뒤, 회사는 예약센터 운영방식을 조정해 상담직원들에게 일이 몰리는 경우가 발생하지 않도록 조치를 취

했다. 무리하게 일을 진행한 예약센터 상무에 대해서도 인사조치했다. 하지만 예약센터 감정노동의 근본적인 문제는 해결되지 않았다. 항공사 예약센터에는 오늘도 수천 통의 전화가 연결된다. 직원 한 사람이 하루 80~100통의 전화를 받아 응대할 것이다.

"자기 소리를 못 낸다고 해서 감정 없이 일하는 것이 아닙니다. 사무실 안의 웃는 얼굴 뒤에 숨겨진 직원들의 우울함, 생각해보셨습니까?" (나***)

○○수정 씨는 결국 회사에 병가를 냈다. 정신과치료를 받으며 집에서 요양 중이다. 지금도 전화벨이 울리면 깜짝깜짝 놀란다. 사람을 만나기가 두렵다. 인사부서에 마지막으로 부서를 바꿔달라고 요청했다. 그래도 그는 대한민국 콜센터 감정노동자 중에 상위 1퍼센트에 속한다. 대기업 정규직 사원이기 때문이다. 대부분의 콜센터 직원과 텔레마케터들은 비정규직 노동자다.

○○집에서 쉬고 있노라면 휴대전화로, 집전화로 쉴 새 없이 텔레마케터들의 전화가 걸려온다. "고객님, 안녕하십니까?" 수정 씨는 전화기 너머 상냥한 목소리 뒤의 고통을 떠올린다. 그는 오늘도 침울하다.

유리방에 갇힌 영혼

거센 빗줄기, 집창촌, 그리고 살인사건

○○ 차를 몰아 롯데백화점 옆 골목으로 좌회전을 해서 들어갈 때까지만 해도 그 어떤 스산한 기운도 느끼지 못했다. 2010년 8월 오후 2시, 평일인 데다 추적추적 비까지 오고 있었지만 백화점을 드나드는 사람들은 활기차 보였다. 청량리는 예전보다 훨씬 세련된 얼굴을 하고 있었다. 그러나 좌회전을 하고 들어선 골목에서 백화점 옥외주차장을 지나 오른쪽으로 접어드는 순간, 완전히 다른 세상이 펼쳐졌다. 집창촌이었다.

○○ 서울 동대문구 전농동 588번지. 사람들은 오래전부터 이곳을 '588'이라 불렀다. 자동차 두 대가 간신히 비껴 지나갈 만큼 좁은 길을 따라 쪼르륵 '유리방'이 펼쳐진다. 유리방은 쇼윈도같이 펼쳐진 대형 유리창 안에서 성매매 여성들이 호객하는 형태의 업소를 뜻한다. 붉은 불빛 아래 흰색 탱크톱을 입

은 여성이 앉아 손님을 기다린다. 짙은 속눈썹을 내리깔고 휴대전화를 만지작거리고 있다. 한 남성이 흥정을 시도한다. 백화점처럼, 대낮에도 588은 돌아간다.

○○8월 초에 찾아간 588거리는 한여름인데도 한기가 느껴질 정도로 스산했다. 우산을 받쳐쓰고 혼자 골목 안을 걸어 들어가자니, 지나가는 덩치 큰 남자가 매서운 눈초리로 위아래를 훑어본다. 빗줄기는 갈수록 거세졌다. 좀더 안쪽 골목으로 들어서니 불 꺼진 유리방 하나가 눈에 띈다. 유리문 앞에는 출입을 금지하는 경찰의 폴리스라인이 쳐져 있다. 이곳에서 며칠 전 살인사건이 벌어졌다. 유리방에서 일하던 성매매 여성 한 명이 잔혹하게 살해됐다.

○○나는 그 살인사건 현장을 찾아간 참이었다. 성매매 여성의 나이는 내 또래인 서른한 살이라고 했다. 그는 7월 30일 오후 2시에 단골손님이던 남성에게 살해됐다. 한여름 대낮에 도움을 요청하지도 못한 채 죽어갈 때, 얼마나 무서웠을까. 그 마음을 조금이라도 헤아려보고자 그가 살해된 시각인 오후 2시에 사건 현장을 홀로 찾아갔다.

○○도대체 왜 그랬는지 모를 일이다. 혼자 폴리스라인 앞을 서성이던 나는 갑자기 화장실에 가고 싶다는 생각을 했다. 주변을 두리번거리다가 지나가는 노인에게 주변에 화장실이 어디 있냐고 물었다. 그는 살인사건이 일어난 유리방 바로 앞의 건물을 손으로 가리키며 말했다. "저기 올라가면 화장실이 있을 거요."

○○건물에는 오래된 교회 간판이 붙어 있었다. 2층까지 올라갔을 때 잘못 들어왔다는 느낌이 엄습했다. 마치 건물은 일부러 부수기 시작한 것처럼 유리창이 깨지고 벽이 허물어져 있었고, 바닥에는 먼지와 시멘트 가루가 뿌옇

게 쌓여 있었다. 3층에 이르러 발길을 돌리려는 순간, 화장실에서 한 남자가 나왔다. 오래도록 빨지 않은 옷에 감지 않은 머리, 한눈에도 노숙인이라는 사실을 알 수 있었다. 그제서야 '노숙인 쉼터'라는 허름한 나무 간판이 눈에 들어왔다. 남자와 마주쳐 당황한 나는 얼떨결에 화장실로 들어서고 말았다. 화장실에는 자물쇠가 부서져 있었다. 문을 붙잡고 서서 여기서 이대로 죽어도 아무도 모르겠지, 생각하며 덜덜 떨었다. 창밖에는 빗소리만 야속하게 거셌다.

○○그 건물에서 어떻게 빠져나왔는지 기억도 나지 않는다. 내가 화장실에 들어갈 때 나를 바라보던 남자의 눈빛, 화장실 창문 너머 보이던 유리방의 폴리스라인, 아무도 없는 집창촌 앞 거리, 거세게 내리던 빗줄기, 터질 듯이 불안하게 뛰던 가슴만이 강렬하게 뇌리에 남았다.

"여기선 누구라도 당할 수 있다"

○○박아무개 씨는 그런 공포를 설명할 기회도 없이 죽었다. 7월 30일 오후에 그를 죽인 범인은 사실 그날 오전에도 박 씨를 찾아왔었다. 신말석이라는 쉰두 살의 남자는 588의 오랜 단골이었다. 그는 한번 여성을 고르면 그에게 집착하곤 했다. 한때 그를 단골로 상대했었다는 한 성매매 여성은 "이곳 여성들한테 집착하는 이상한 사람"으로 그를 기억했다. 언젠가부터 그는 박 씨에게 집착했다. 밖에서 따로 만나자, 함께 살자, 이 일을 그만둬라…. 신 씨는 밑도 끝도 없는 요구를 하다가 박 씨가 거절하면 화를 냈다. 끝은 결국 파멸이었다. 마침내 그는 흉기를 들고 박 씨를 찾아갔다.

○○자신에게 집착하는 손님이 싫어도 단둘이 방에 들어갈 수밖에 없는 처지

였던 박 씨는 피투성이가 되어 죽은 채 발견됐다. 살해 방법에 '분노'가 묻어났다. 경찰은 신 씨가 박 씨의 목을 세게 조른 뒤 준비해간 칼로 복부를 난자했다고 밝혔다. 신 씨는 경찰에서 자신은 7월 중순부터 박 씨를 죽이겠다고 마음먹었으며, 청량리의 한 노점에서 칼을 구입해 집에 보관해왔다고 진술했다. 사건 당일에 신 씨는 오전에 박 씨를 찾아가 확인한 뒤, 오후 2시에 다시 찾아가서 범행을 저질렀다.

○○ 칼날을 휘두르다가 손을 베인 신 씨는 물티슈에 손을 닦은 뒤 버리고 사건 현장을 떠났다. 당시 신 씨는 눈치채지 못했겠지만, 이때까지만 해도 박 씨의 숨은 붙어 있었다. 방 안에서 칼에 찔린 박 씨의 시신은 복도에서 발견됐다. 방과 복도, 화장실까지 피범벅이었다. 박 씨가 피를 흘리며 이동한 것으로 보인다. 하지만 동료가 박 씨를 발견했을 때는 이미 숨이 끊어진 뒤였다. 현장에서 피 묻은 물티슈를 찾아낸 경찰은 그것에서 신 씨의 유전자를 채취해 그를 공개 수배했다. 키 167센티미터, 단정한 상고머리, 흰색 피부, 와이셔츠와 면바지를 자주 착용, 깔끔한 회사원풍. 수배 전단의 인상착의는 무엇 하나 특이할 것이 없었다.

○○ 최아무개 씨도 그날을 기억한다. 아무것도 모른 채 7월 30일 저녁에 유리방으로 '출근'을 한 최 씨는 화장실에 갔다가 사방에 튀어 있는 피를 보고 비명을 질렀다. 유리방은 이웃한 여러 개 업소가 공동으로 화장실을 사용한다. 화장실에는 몇 시간 전 숨진 박 씨가 흘린 피가 사방에 묻어 있었다. 경찰은 박 씨가 일하던 유리방에만 폴리스라인을 치고 돌아갔을 뿐, 피 묻은 화장실은 그대로 뒀다. 최 씨를 비롯한 성매매 여성들은 이날 그 피를 제 손으로 닦아낸 뒤 영업을 했다. 동료가 손님에게 죽임을 당한 날에도 덜덜 떨면서 낯

선 남자와 단둘이 방에 들어갔다. 끔찍했다.

○○588은 충격에 휩싸였다. 한 성매매 여성은 "여기선 누구라도 당할 수 있는 일"이라며 슬퍼했다. 손님과 단둘이 방에 들어갔다가 살해된 정황은 성매매 여성에게 일상적인, 그러나 애써 무시해온 공포를 되살렸다. 하지만 다음 날도, 그다음 날도 사건이 발생한 업소만 문을 닫았을 뿐, 주변 업소는 영업을 계속했다.

성매매 여성들의 열악한 노동조건

○○성매매 여성 살인사건은 무수히 반복됐다. 2010년 2월에는 부산 부산진구의 한 오피스텔에서 성매매를 하던 여성이 목 졸려 살해됐다. 그 전해 8월에는 제주시 연동에서 성매매 여성이 흉기에 찔리고 목 졸려 살해됐다. 2003년 9월부터 2004년 7월까지는 서울 서대문, 종로, 강남 등지에서 출장 성매매 여성 열한 명이 잇달아 살해됐다. 모두 '손님'에 의한 살인사건이었다. 그리고 박 씨가 죽었다.

○○성매매 집결지는 2004년 '성매매 알선 등 행위의 처벌에 관한 법률'과 '성매매 방지 및 피해자 보호 등에 관한 법률'이 제정·시행되면서 한 달간 벌인 대대적인 특별 단속으로 대부분 사라졌다고 여겼다. 하지만 588은 건재했다. 2006년에는 80개 업소였던 것이 2007년에는 94개, 2008년에는 104개로 늘어났다. 단속 기간 중에 다른 지역의 성매매 업소를 떠돌던 여성들이 다시 588로 모여들었다.

○○현재 588에서 성매매를 하는 공간은 유리방 외에 찻집, 쪽방 등이 있다.

찻집은 집결지 내의 작은 주점인데 커피와 주류를 함께 판매하는 성매매 업소다. 쪽방은 대부분 중·장년 여성들이 주거와 성매매를 겸하는 형태로, 588 내 업소의 25퍼센트가량을 차지한다. 한 건물에 3.3제곱미터(1평)가 조금 넘는 방 예닐곱 개가 다닥다닥 붙어 있고, 대부분 공동 화장실과 공동 부엌을 사용하는 구조다. 영업만 하는 쪽방은 싱글침대 하나가 겨우 들어갈 정도의 크기이고, 머리가 닿을 정도로 천장이 낮다. 주거 빈곤과 빈곤노동의 공간인 셈이다.

○○ 588은 더욱 빈곤해지고 있었다. 2009년 5월 서울시는 588 일대에 최고 200미터 높이의 랜드마크 타워 등 일곱 개 빌딩을 신축하는 내용의 '청량리 균형발전촉진지구개발 기본계획 변경안'을 발표했다. 2013년까지 400억 원이 투입될 예정이다. 2010년 2월에는 588의 큰 길목 하나가 재정비 대상이 됐다. 10여 개 업소가 모여 있던 건물이 철거됐다. 이제 588에는 80여 개 업소가 남았다. 거리는 더욱 지저분해졌고, 찾는 이는 더욱 줄었다.

○○ 588의 성매매 노동자들의 상황도 열악해졌다. 손님이 없어 공치는 날이 늘자 업주들은 타산이 맞지 않는다며 영업 방식을 바꿨다. 손님에게 받는 돈을 업주와 성매매 여성이 5 대 5 정도의 비율로 나누던 방식 대신 '월세'를 도입했다. 밤 영업의 경우, 한 달에 250만 원씩을 일괄 수금하기로 한 것이다. 이제 성매매 여성은 성 판매를 많이 하지 못하더라도 한 달에 일정 금액을 맞춰 업주에게 지급해야 한다.

○○ 숨진 박 씨는 250만 원의 밤 영업 비용을 대지 못해, 대신 낮 영업에 나선 것으로 알려졌다. 낮 영업을 하는 이들이 내는 '월세'는 100만 원이다. 몸이 아파도, 손님이 없어도 어떻게든 월세보다 많이 벌어야 집에 돈을 가져갈 수

있다.

○○ 낮 영업자들은 오전 8시에 출근해 오후 4시에 퇴근한다. 밤 영업자들은 오후 4시에 출근해 새벽이나 아침에 퇴근한다. 비영리 민간단체 '이룸'의 한 활동가는 "뒤를 봐주는 이른바 '삼촌'들과 업주들이 업소 주변을 서성이는 밤 시간대와 달리 낮 시간대는 성매매 여성을 지켜주는 이가 없어 오히려 치안의 사각지대"라고 말했다. 성매매 여성을 감시하고 속박하는 '삼촌'이지만 정작 성매매 여성이 위험할 때 도움을 받을 수 있는 이들도 '삼촌'뿐인 것이 현실이다.

거리로 나선 성매매 여성들

○○ 성매매 여성들을 다시 만난 것은 1년 뒤인 2011년 여름이었다. 이번에도 한여름 대낮이었고, 장소는 서울 영등포 집창촌 옆 신세계백화점 앞이었다. 국내 최대 규모라는 복합쇼핑몰 타임스퀘어 앞에서 성매매 여성들은 온몸에 피를 뒤집어쓴 분장을 하고 알몸으로 거리를 달렸다. 집단 시위였다. 대낮, 피, 알몸, 눈물. 1년 전과 비슷하면서도 다른 상황이었다.

○○ 타임스퀘어에서 시작한 그들의 질주는 바로 옆 골목 안 집창촌의 스산한 길목에서 끝이 났다. 알몸에 피칠갑을 하고 귀신 분장을 한 여성들은 유리방 앞에 다다라 모두 미끄러져 넘어졌다. "다 같이 죽겠다"며 바닥에 뿌려놓은 석유 때문이었다. 빨간 물감에 석유가 섞여 번들번들해진 알몸의 여성들은 바닥을 뒹굴며 통곡했다.

○○ 성매매 여성들이 직접 거리로 나와 시위에 나선 이유는 경찰의 대대적인

여기선 누구라도

단속 때문이었다. 2011년 영등포경찰서가 '영등포 집창촌 집중단속'을 선포했다. 그해 4월 1일부터 성매매 업소인 속칭 유리방이 즐비한 영등포 432번지 골목길에는 매일 밤 경찰차가 양쪽 입구를 지키고 서서 순찰활동을 벌여 지나가는 남성조차 뜸하게 됐다. 2009년 9월 국내 최대 복합쇼핑몰 타임스퀘어가 영등포에 들어서면서 그 뒷골목에 있던 집창촌이 이미 직접 타격을 받은 상태였다. 성매매 업소의 숫자는 80여 곳에서 30여 곳으로 줄어들었다. 경찰의 단속이 이어지면서 집창촌은 숨통이 끊어지기 일보 직전의 상태로 내달았다.

○○ 시위에 나선 서른세 살의 수민(가명) 씨는 "나도 평범하게 살고 싶었다"며 눈물을 뚝뚝 흘렸다. "가뜩이나 인터넷을 통한 손쉬운 성매매가 늘어나면서 아무래도 눈에 띄는 집창촌에는 갈수록 변태적인 손님이 늘어 일하기도 힘들었는데, 이제 아예 손님마저 받을 수 없게 되니 죽으라는 소리로밖에 들리지 않는다"고 말했다.

○○ 수민 씨는 영등포 집창촌에 들어온 지 7년이 됐다고 했다. 어려운 가정형편에 대학을 가지는 못했지만, 수민 씨는 성실하게 살던 여성이었다. 작은 사무실에서 경리로도 일해봤고 식당 카운터, 호프집 아르바이트, 보험회사 영업사원까지 안 해본 일이 없었다. 하지만 아무리 일해도 한 달에 120만 원 정도가 쥘 수 있는 돈의 전부였다. 그 와중에 어머니가 암으로 쓰러졌고 종양으로 인해 시력까지 잃게 됐다. 병원비와 남동생 대학 학비, 가족 생활비까지 매달 300~400만 원이 우스웠다. 돈을 벌기 위해 아등바등하던 수민 씨는 아는 언니의 소개로 집창촌에 발을 들여놓게 됐다.

○○ "여자로서의 삶을 포기하고 들어온 건데, 제 마음은 어땠겠어요." 유난

히 피부가 하얀 수민 씨가 고개를 떨궜다. 그는 이렇게 된 자신의 처지가 한스럽고 성매매가 죽도록 싫지만, 집창촌만 단속하는 사회가 너무나 우습고 무섭다고 했다.

"집창촌만 단속하면 우리가 어디로 갈까요? 계속되는 단속에 수입이 끊기니까 집창촌 동료들이 키스방, 인터넷 성매매와 같은 음성적 성매매로 자리를 옮기거나 일본, 하와이 등으로 해외 원정을 떠나고 있어요. 10대 원조교제부터 주부 인터넷 성매매까지 각종 매춘이 판을 치는 현실 속에서 뭘 어쩌라는 건가요?

그나마 집창촌이 성매매 여성들에게는 안전해요. 어딘지도 모르는 곳에서 낯선 남자와 단둘이만 만나야 하는 성매매는 정말 끔찍해요. 집창촌에는 그래도 포주가 있고 삼촌들이 있고 동료들이 있잖아요. 마구잡이 단속으로 각자 너무나 어려운 상태인 성매매 여성들을 아무런 대책 없이 죽음으로 내몰지 말아주세요."

그 여름의 단속과 시위는 또 한 번의 해프닝으로 끝이 났다. 여전히 집창촌은 존재하고 성매매 여성들은 가난한 노동을 하고 있다. 성매매 여성이 자살하거나 살해당하는 뉴스는 간간히 단신으로 다뤄지고, 경찰은 때가 되면 한 번씩 집중단속을 펼치곤 한다. 도시는 갈수록 화려해지고 그 뒷골목은 더욱더 어두워진다. 그곳에 여성들이 산다.

캄보디아 신부의 남편 탈출

"세상에, 이 아줌마 멍든 것 좀 봐"

○○ 해가 지고 있었다. 펭소티(가명) 씨의 손에 이끌려 걸어가는 세 살배기 딸 재은(가명)이의 그림자가 길어졌다. 하루 종일 샌들을 신고 걸어다닌 재은이의 발가락은 새카맸다. 아이는 칭얼거리지 않았다. 스물아홉 살의 엄마 펭소티 씨는 등에 업은 생후 8개월 된 아들을 추켜올리며 재은이의 손을 꼭 잡았다. 전라도 광주의 낯선 골목길, 가로등 불빛이 켜질 때쯤 펭소티 씨는 아이들에게 하루 종일 아무것도 먹이지 않았다는 사실을 깨달았다. 2010년 8월이었다.

○○ 길가 식당에 들어갔다. 드르륵 문이 열리자 식당 주인과 손님들의 눈길이 펭소티 씨와 아이들을 훑었다. 뚝배기 불고기 1인분을 시켰다. 국물에 밥을 비벼 딸아이에게 먹였다. 재은이는 허겁지겁 밥을 먹었다. 그 모습을 바라

보던 식당 주인이 펭소티 씨에게 다가왔다. "아줌마, 애들 데리고 집 나왔어? 세상에, 이 아줌마 멍든 것 좀 봐…." 펭소티 씨는 대답 대신 눈물을 뚝뚝 떨궜다.

○○ 이날 아침 펭소티 씨는 도망쳤다. 캄보디아에서 한국으로 시집온 지 4년 만이었다. 두 아이를 데리고 전북 부안의 집을 나서서 무작정 택시를 잡아타고 정읍으로 향했다. 지갑에 든 돈은 3만 원이 전부였다. 정읍 시내에서 은행에 갔다. 통장에 있는 돈을 전부 찾았다. 8만 원이었다. 결혼생활 내내 모은 돈이다. 다시 버스를 타고 광주로 갔다. '남편이 잡으러 올지도 모른다'는 생각에 눈물 같은 땀이 솟구쳤다.

○○ 전날 자신보다 열 살은 더 많은 남편이 아침부터 펭소티 씨의 목을 조르며 숫돌을 집어들었다. 당시 펭소티 씨는 부엌에서 설거지를 하고 있었고, 남편은 거실에서 텔레비전을 보고 있었다. "어린이집 차 올 시간 됐으니까 재은이 좀 데리고 집 앞에 나가줘요." 남편은 들은 척도 하지 않았다. 결국 시간이 임박해 펭소티 씨가 젖은 손으로 아이의 손을 잡고 뛰었다. "설거지 하느라 부탁을 했는데 왜 들은 척도 안 해요." 거실로 들어서며 펭소티 씨가 더듬더듬 불평을 했다. 그제야 남편이 일어섰다. "이년이, 죽고 싶어?"

○○ 한참을 맞았다. 옷이 갈기갈기 찢겨 알몸이 된 채 펭소티 씨는 '이제 죽는구나' 하고 생각했다. 남편이 소파로 던져버린 둘째 아이는 자지러졌다. 남편은 부엌으로 가서 흉기가 될 만한 것을 찾았다. 한두 번 있는 일이 아니다. 이럴 때를 대비해 부엌의 칼은 숨겨놓은 지 오래다. 칼을 못 찾은 남편은 대신 칼 갈 때 쓰는 숫돌을 집어들었다.

○○ 남편이 숫돌로 펭소티 씨를 내리찍으려는 순간 방에 있던 시부모가 달려

나와 남편을 말렸다. 덕분에 펭소티 씨는 죽지 않았다. 방으로 숨어들어가 처음으로 경찰에 신고했다. 잠시 뒤 출동한 경찰은 남편하고만 이야기를 나눈 뒤 돌아갔다. 시아버지가 "누가 경찰에 신고를 했냐?"며 헛기침을 했다. 펭소티 씨는 밤새 울었다.

절대 도망가지 않습니다

○○ 2012년 한국은 두 얼굴을 갖고 있다. OECD 가입국, G20 의장국이라는 화려한 수식어로 우리가 얼마나 선진국인지를 자랑하는 모습이 첫 번째 얼굴이다. 국민들은 어느 나라보다 디지털 시대, 스마트 시대에 빠르게 적응한다.

○○ 이런 나라의 국민들이 서슴지 않고 우리보다 가난한 나라에서 신부를 사온다. 소위 '국제 결혼정보업체'들은 "절대 도망가지 않습니다"라는 광고 카피를 써서 도시 변두리와 시골마을 어귀에 대문짝만하게 붙여둔다. 2011년 전라남도 지역에서 결혼한 이들 중 14.5퍼센트가 '다문화 가정'을 꾸렸다. 주로 농촌 지역 40대 이상의 남성들이 동남아 20대 여성들과 짝을 이룬다는 분석이다.

○○ 이 여성들은 어떤 마음으로 한국에 오는가. 어떤 마음으로 말도 통하지 않는 남편과 동침을 하는가. 어떻게 시집살이의 외로움을 견뎌내는가. 펭소티 씨는 이 모든 과정을 한마디로 설명했다. "추웠어요. 너무 추웠어요."

○○ 펭소티 씨는 1981년 캄보디아 캄퐁참 지역에서 태어났다. 캄퐁참은 캄보디아 수도인 프놈펜에서 북동쪽으로 124킬로미터 정도 떨어진 도시다. 이 지역은 번화가부터 오지까지 다양하게 품고 있다. 펭소티 씨는 캄퐁참에서

작은 식료품 가게를 운영하는 부모에게서 맏딸로 태어났다. 펭소티 씨 아래로 남동생만 네 명이다. 가난한 나라, 가난한 집안에서의 삶은 늘 팍팍했다.

○○ 그의 부모는 얼굴도 예쁘고 공부도 잘하는 맏딸을 고등학교까지 가르쳤다. 하지만 집안 형편상 대학은 꿈꿀 수 없었다. 고졸의 학력으로도 가난한 나라의 여성이 제대로 된 일자리를 구하기는 어려웠다.

○○ 펭소티 씨는 직업을 갖고 싶었다. 제 힘으로 돈을 벌어 집안에 보탬이 되고 싶었다. 기술을 배우면 자립할 수 있을 것이라 생각해 홀로 캄보디아의 수도 프놈펜에 갔다. 그곳에서 시내 미용실의 보조 미용사로 취직했다. 5년을 그 가게에서 먹고 자며 일했다. 월급은 한 푼도 받지 못했다. 미용실 주인은 "기술을 가르쳐주는 게 어딘데 돈을 바라냐"고 했다.

○○ 그사이 집안 형편은 어려워져갔다. 펭소티 씨의 바로 밑 남동생이 돈을 벌기 위해 학업을 포기하고 한국으로 갔다. 공장에서 일해 받은 월급의 대부분을 캄보디아로 보내왔다. 그 돈으로 식구들이 먹고살았다. 캄보디아에서 펭소티 씨는 아무리 열심히 일해도 집안에 도움이 되지 못했다.

○○ 한국은 기회의 땅이었다. 많은 청년들이 한국에서 돈을 벌어와 가족과 잘 사는 꿈을 꾼다. 저개발국가의 청년들은 용기 있게 언어도 모르는 나라로 일자리를 찾아 이동한다. 캄보디아 여성들은 취업 대신 결혼을 선택한다. 한국 남자와 결혼한다면 지긋지긋한 가난을 벗을지도 모를 일이다.

남자가 선택하면 여자는 선택된다

○○ "한국 남자랑 결혼하면 좋대." 펭소티 씨에게 국제결혼을 권한 사람은

캄보디아에서 친하게 지내던 언니였다. 20대 중반, 돈도 받지 못한 채 노동 착취를 하는 미용실을 그만두고 고향에 돌아와 있던 펭소티 씨는 선택의 기로에 섰다. 펭소티 씨가 한국으로 시집을 가서 집으로 돈을 보내줄 정도로 여유로워진다면, 네 명의 남동생들 중 한 명은 어쩌면 대학에 보낼 수도 있다.

○○ 펭소티 씨는 결혼정보업체를 찾아갔다. 결혼정보업체에는 한국 남성들의 발길이 줄을 이었다. 한국에서 한 무리의 남성들이 찾아오면 결혼정보업체 사장은 그들에게 캄보디아 여성을 여러 명 선보였다. 남자가 선택하면 여자는 선택된다. 펭소티 씨도 남편과 한 번 만난 뒤 결혼이 결정됐다.

○○ 2010년 한 해 동안 펭소티 씨처럼 한국 남성과 결혼한 캄보디아 여성은 1,205명에 달한다. 여러 사정으로 결혼을 하지 못한 한국 남성들이 중국, 베트남, 필리핀, 캄보디아 등 아시아 국가에 한국인이 차려놓은 결혼정보업체를 통해 신부를 구한다. 많은 여성들은 남편이 될 사람의 얼굴을 한두 번 보고 결혼 수속을 밟아 한국에 입국한다.

○○ 결혼정보업체 직원은 펭소티 씨에게 "남편 될 사람이 한국에 땅도 많이 갖고 있고, 대학도 나왔다"고 말했다. 그 말을 듣고 펭소티 씨는 잠시 동안 성실하고 똑똑한 한국인 남편과 좋은 가정을 꾸릴 꿈을 꾸었다. 하지만 결혼정보업체가 건넨 정보는 모두 거짓이었다. 한국에 도착해서 그 거짓말을 알아차리는 데는 시간이 오래 걸리지 않았다.

○○ 남편은 성실한 사람이 아니었다. 4남매 중 맏이인 남편은 마흔이 다 된 나이에도 일할 생각을 하지 않고 부모님 집에 얹혀살았다. 하루 종일 누워 텔레비전만 봤다. 성격이 괴팍하고 가족들과도 좀처럼 대화를 나누지 않았다. 혹시 남편에게 정신적으로 어떤 문제가 있는 것은 아닌지 궁금했지만 어디

절대 도망가지 않습니다

에도 물어볼 수가 없었다.

○○ 시아버지는 홀로 농사를 지었고 시어머니는 집 근처 공장에 나가 한 달에 100만 원을 벌어왔다. 한국에서 펭소티 씨는 임신을 한 상태에서도 바닷가에 나가 조개를 캐야 했다. 조개를 판 돈과 시어머니가 월급에서 떼어주는 10만 원 정도가 부부 수입의 전부였다.

○○ 펭소티 씨에게 한국에 처음 오던 날을 묻자 얼굴이 일그러졌다. 그리고 조용히 눈을 감았다. 아직도 눈을 감으면 한국에 처음 오던 그날이 생각난다. "너무 추웠어요." 펭소티 씨는 2006년 12월 한국에 왔다. 따뜻한 남쪽 나라에서 나고 자란 펭소티 씨에게 한국의 겨울은 혹독했다. 공항에 내려 버스를 타고 다시 전라도 시골마을로 들어섰을 때 펭소티 씨는 추위에 벌벌 떨고 있었다.

○○ 그날 밤 시댁 가족과 마주 앉았지만 한마디 말도 나눌 수 없었다. 남편과 시댁 식구들은 캄보디아 말을 몰랐고, 펭소티 씨는 한국 말을 몰랐다. 시어머니가 차린 밥상 위의 낯선 음식들을 펭소티 씨는 목으로 넘기기도 힘들었다. 남편은 별다른 말을 하지 않았다. 불을 끄고 자리에 눕자 남편은 곧바로 성관계를 가졌다. 춥고 아팠다.

전쟁 같은 성관계, 가차 없는 폭력

○○ 눈빛 한번 제대로 교환하지 못한 상태에서 남편은 부인에게 시도 때도 없이 성관계를 요구했다. 춥고 낯선 환경에서 펭소티 씨는 매일 밤 벌벌 떨었다. 전쟁 같은 성관계 속에서 곧 임신을 했다. 첫아이를 출산해 몸을 추스르

지 못한 상태에서도 성관계를 해야 했다. 곧바로 또 임신이 됐다. 첫아이 임신 당시 아직 한국 음식에 적응도 못한 상태에서 입덧을 시작했다. 몸이 어디가 불편한지, 무엇이 먹고 싶은지 말할 수 없었다. 펭소티 씨는 감옥에 갇힌 듯 '아내'와 '며느리'로서 순종해야 했다.

○○ 첫아이를 임신한 지 2개월이 됐을 때 남편에게 처음 맞았다. 함께 산에 올라갔다가 말다툼이 벌어졌고, 남편은 나무 몽둥이를 가져다가 아내를 마구 쳤다. 저항하던 펭소티 씨가 쓰러졌고, 남편은 아내를 발로 마구 밟았다. 펭소티 씨는 한참을 기절해 있다가 산에서 홀로 내려왔다. 울면서 집으로 돌아왔다.

○○ 그날 밤새 울다가 집을 나왔다. 남동생이 일하고 있다는 부산의 공장을 찾아갈 생각이었다. 사람들에게 남동생의 공장 주소가 적힌 종이를 보여주며 물어물어 동생을 찾아갔다. 동생은 누나의 몸 상태를 보더니 "내가 어떻게든 돈 벌어볼 테니 아기 지우고 함께 살자"며 펑펑 울었다. 동생 곁에서 살며 펭소티 씨는 3개월 동안 자동차 부품 공장에 다녔다. 기숙사에서 먹고 자며 하루 12시간 30분을 일해 월급 100만 원을 받았다. 배는 갈수록 불러왔다.

○○ 공장을 다니던 중 남편에게 맞은 자리가 너무 아파 병원을 찾았다. 엑스레이로 옆구리를 찍으니 부러진 갈비뼈와 태중의 아기 모습이 동시에 보였다. 필름을 바라보며 또 울었다. 배가 불러오자 다니던 공장에서 해고됐다. 신발 공장으로 옮겼다. 월급은 80만 원으로 줄었다. 배가 몹시 아팠던 밤, 펭소티 씨는 남편에게 연락을 했다. 기댈 곳이 없었다.

○○ 펭소티 씨를 집에 데려오며 남편은 "변하겠다"고 약속했다. 펭소티 씨도 한국생활에 적응하려고 안간힘을 썼다. 아기 때문에라도 살아야 했다. 적응해야 했다. 매일같이 한국어 공부를 했다. 동네 미용실에 나가 일을 해서 일

당을 벌어오기도 했다.

○○ 하지만 남편의 폭력은 날이 갈수록 심해졌다. 남편은 부인은 물론 아기와 시부모까지 폭행했다. 폭력적인 잠자리가 이어졌고 출산 뒤 곧바로 둘째를 임신했다. 남편은 '아침에 깨운다'는 이유로 임신한 아내를 때렸고 갓난아이를 집어던졌다.

○○ 남편과 이혼을 하겠다고 하니 시어머니가 "너 캄보디아에서 데려오느라 들어간 돈이 얼만데 이혼이냐"며 반대했다. 만삭에도 바닷가에 나가 조개를 캤다. 둘째 출산 직후부터 펭소티 씨는 몸져누웠다. 눈이 튀어나왔고, 목이 부어올랐다. 갑상선 이상이었다.

"힘들어도 아이들과 한국에서 살고 싶어요"

○○ "두 아이를 데리고 갈 곳은 있냐"는 식당 주인의 질문에 펭소티 씨는 눈물을 쏟았다. "집을 나와 남동생한테 찾아가려고 했는데 남동생과 연락이 안 돼요. 도와주세요." 식당 아주머니가 결혼이주여성을 돕는 다문화가족지원센터에 전화를 했다. 긴급보호소에서 그날 밤을 지새웠다. "여기서 먼 곳으로만 데려가주세요." 펭소티 씨의 호소가 돌고 돌아 서울의 한 쉼터에 닿았다. 아이들을 데리고 서울의 쉼터를 찾아갔다. 따뜻한 방에 아이들을 앉혀놓고서야 펭소티 씨는 쓰러졌다.

○○ 쉼터 관계자들은 펭소티 씨를 데리고 병원에 갔다. 갑상선 이상이 암으로까지 발전한 상태였다. 3월, 펭소티 씨는 수술을 받았다.

○○ 항암 치료가 끝날 즈음 캄보디아에서 친정어머니가 왔다. 딸과 몇 달 동

안 소식이 끊겨 걱정하던 친정어머니는 "그동안 왜 결혼생활이 힘들다고 말하지 않았냐"고 딸을 책망하며 길게 울었다.

○○펭소티 씨는 퇴원 후 아이들과 친정어머니와 함께 쉼터에서 지내고 있다. 기자를 만난 날, 펭소티 씨는 지갑에서 처녀 시절 친구들과 찍은 사진을 꺼내 보여줬다. 20대 중반의 펭소티 씨는 까만 생머리에 청바지를 입고 환하게 웃고 있었다. 갑상선 이상으로 두 눈이 튀어나오고 초췌해진 지금과는 다른 생기 있는 모습이다.

○○"저는 한국말도 열심히 공부했고 이제 귀화도 했어요. 아이들도 완전한 한국 사람이고요. 힘들어도 아이들과 함께 한국에서 살아가고 싶어요." 가난한 모국으로 돌아가고 싶지도 않다. 자신만 좀더 강해진다면 아이들은 부자나라 한국에서 키울 수 있다. 그 생각으로 펭소티 씨는 오늘도 몸을 추슬러보려 안간힘을 쓴다. 추운 한국에서 가난한 펭소티 씨의 삶은 다시 시작됐다.

탈북소녀의 결혼 이야기

"나, 북한이 고향이야"

"나, 실은 북한에서 왔어."

"그래? 네가 북한에서 왔으면 나도 북한에서 왔다, 하하!"

남자친구는 좀처럼 지은(가명) 씨의 말을 믿지 않았다. 사귄 지 두 달, 좋아하는 마음이 커져서 고민하다가 어렵게 꺼낸 말이었는데 남자친구가 장난으로 취급하니 지은 씨는 민망했다. "정말이야, 나 북한이 고향이야. 탈북했어." 몇 번을 반복해서 말한 끝에야 남자친구의 표정이 진지해졌다. "진짜야?" 지은 씨는 말없이 고개를 끄덕였다.

사귀는 동안 언제 어떻게 이 말을 꺼내야 하나 늘 가슴 졸였다. 이 사람과 결혼을 하고 싶다는 생각이 들 정도로 감정이 깊어지고 나서야 용기를 냈다. 어차피 모 아니면 도다. 내가 탈북자라는 사실 때문에 떠나갈 남자라면 이쯤에서 정리하는 편이 나을지도 모른다. 잠시 주춤하던 남자친구가 입을 열었다. 꿀꺽, 침을 삼키는 소리도 지은 씨에게는 크게 느껴졌다.

"상상도 못했네. 그랬구나, 그래도 상관없어."

남자친구는 스물일곱 지은 씨와 동갑내기로, 자동차 부품 공장에서 일한다. 친구들과의 술자리에서 그를 처음 봤다. 키가 작고 왜소한 지은 씨와 달리 남자친구는 키도 크고 체격도 단단했다. 그와 가까워지는 동안 지은 씨는 좀처럼 자신에 대한 이야기를 하지 않았다. 얼마 지나지 않아 남자친구는 자신의 집에 지은 씨를 데려갔다. 그의 부모님과도 가까워졌다. 지은 씨는 북한 사투리 특유의 말씨를 들킬까 두려워 고향이 강원도라고 둘러댔다.

"나는 탈북자"라는 사실을 남자친구에게 말했으니, 다음은 그의 부모님 차례다. 남자친구에게 고백한 뒤 몇 개월이 지나고, 함께 집으로 가서 부모님을 만났다. 식사를 마친 뒤 과일을 먹다가 남자친구가 대수롭지 않은 일이라는 듯이 툭, 말을 꺼냈다.

"아버지, 지은이 고향이 북한이래요." 부엌에서 설거지를 하던 어머니가 하던 일을 멈췄다. 물소리가 꺼지고 잠시 정적이 흘렀다. 거실로 달려나온 어머니가 물었다. "그거… 결혼하고 아이 낳고 살아가는 데는 아무 영향 없는 거니?" "네, 국적 취득한 지도 오래됐고 저도 이젠 한국 사람이에요." 잠시 고민하던 부모님은 곧 "아들만 좋다면 우리는 상관없다"고 말했다. 허락이었다. 이렇게 쉽다니 꿈만 같았다. 그동안 감히 꿔보지도 못한 꿈이었다.

"북한에서 왔다고 하면, 여기선 다들 안 좋아하잖아요. 여기 사람 사귀어도 결혼은 어려울 수 있다고 생각했어요. 그래서 사귀면서도 늘 언제든 헤어질 수 있다고 생각했죠. 그런데 남자친구 부모님까지 탈북 사실을 알고도 허락해주셨으니…. 이런 기회 다시 만나기 어려울 거라고 생각해요. 그 사람이랑 꼭 결혼하고 싶어요." 지은 씨는 기쁜 듯도 하고 불안한 듯도 한 표정으로 조용히 말했다.

두만강 혹은 한 세계를 건너다

○○지은 씨는 1984년에 북한 함흥 지역에서 태어났다. 아버지는 미술을 전공한 초등학교 교사였다. 동네 사람들은 모두들 아버지를 좋아했다. 슬하에 두 자매를 둔 아버지는 막내딸인 지은 씨를 무척 예뻐했다. 어린 시절 기억 속에는 학교 담벼락에 김일성 정권을 찬양하는 빨간 글씨를 덧칠하다가 지은 씨를 발견하고는 손을 흔들어주던 아버지의 모습이 선명하게 박혀 있다. 아버지의 미소는 늘 푸근했다.

○○1990년대 중반, 북한 전역에서 아사자가 속출하는 '고난의 행군' 시기가 됐다. 가뜩이나 척박한 함흥 지역 사람들의 곤궁함은 이루 말할 수가 없었다. 아버지는 동료 교사들과 함께 학생들에게 배급할 옥수수 가루를 받으러 다른 지역에 다녀오는 길에 교통사고로 사망했다. 청천벽력이었다. 아버지의 죽음과 함께 지은 씨네 가정 형편은 나락으로 떨어졌다. 먹고살기도 힘들고 아버지 없이 살기도 힘들었다. 배고픔도 그리움도 너무 컸다.

○○견디다 못한 어머니는 두 딸을 데리고 재혼 자리를 알아봤다. 대여섯 번이나 재혼을 했다는 이웃 동네 아저씨에게 엄마는 팔려가듯 시집을 갔다. 거기에 가서 살면서 지은 씨는 "도망치고 싶다"고 생각했다. 동네에서 평판이 좋지 않은 아저씨와 사는 것도, 이웃들이 지은 씨를 가리키며 '재혼한 집 딸'

이라고 수군대는 것도 모두 싫었다. 먹을 것도 입을 것도 늘 부족한 곤궁한 생활도 힘들었다. 지은 씨는 방황했다. 그러다가 갑자기 기회가 왔다.

어느 날 멀리 살던 이모가 집에 놀러왔다. 이모는 북한 국경을 넘어 중국을 오가며 물건을 가져다 장사를 한다고 했다. 지은 씨는 이모에게 "나를 이곳이 아닌 다른 곳으로 데려가 달라"고 매달렸다. 마음 둘 곳 없는 이곳이 너무 싫다는 생각뿐이었다. 강을 건너 중국이든 어디든 살기 좋은 곳으로 탈출하고 싶었다.

이모는 중국 구경만 시켜주겠다는 심산으로 지은 씨를 데리고 길을 나섰다. 국경을 넘는 일은 쉽지 않았다. 지은 씨는 고무 튜브 하나로 만든 부실한 1인용 보트에 몸을 의지해 두만강을 건넜다. 깜깜한 밤이었다. 찰랑찰랑 물살 소리만 거셌다. 보트가 뒤집힌다면 지은 씨의 작은 몸은 까만 물살 속으로 휩쓸려가버릴 것이었다. 그렇게 죽는다면 아무도 찾아내지 못할 터였다.

실제로 그의 뒤를 이어 강을 건너던 남자는 며칠 뒤 시체로 발견됐다. 남자의 몸에서는 마약이 나왔다. 국경의 경비는 잠시 삼엄해졌다. 그러나 중국을 오가며 먹고살 길을 찾는 북한 사람들의 행렬을 막을 수는 없었다.

지은 씨와 이모 모두 무사히 두만강을 건너 중국 연변에 닿았다. 중국 쪽에는 조선족 브로커가 기다리고 있었다. 그는 지은 씨의 손을 잡더니 "얘는 김 씨네 집으로 보내면 되겠다"고 말했다. 순간 이모가 눈짓을 했다. 브로커가 한눈을 파는 틈을 타 지은 씨는 이모와 함께 죽기 살기로 달렸다. "브로커가 가라는 곳으로 가면 팔려가는 거야. 거기 가면 어떤 영감이 있든지 같이 살면서 애 낳아주고 해야 돼. 잡히면 절대 안 돼." 이모는 알아듣기 어려운 이야기를 했다. 지은 씨는 마냥 무서웠다. 비로소 집을 떠났다는 사실을 실감했다.

남한으로 가는 좁은 문

○○ 중국 땅에서는 이모도 지은 씨를 지켜줄 수 없었다. 연변에서 베이징으로, 베이징에서 칭다오로 지은 씨는 흘러다녔다. 이모와도 헤어진 채로 이를 악물고 홀로서기를 했다. 중국인인 척도 하고 한국인인 척도 하며 위태위태하게 살았다. 그래도 다시 북한으로 돌아가고 싶지는 않았다.

○○ 중국에서 한국 사람들을 만나고 한국 음악을 듣고 한국 드라마를 봤다. 2002년에는 한국에서 월드컵이 열렸다. 광장의 붉은 응원 물결을 보았다. 열정적이고 자유로워 보였다. 나도 한국에서 살고 싶다는 생각을 자꾸만 하게 됐다. 소식을 전해들은 이모가 노발대발했다. 중국에서는 맘만 먹으면 다시 북한으로 돌아갈 수 있지만 한국은 다르다, 그건 진짜 탈북이 된다, 그러면 다시는 엄마를 볼 수 없다며 반대했다.

○○ 하지만 마음을 굳힌 지은 씨의 귀에는 그런 이야기가 들리지 않았다. 어찌어찌 브로커를 소개받아 한국 영사관에 잠입하기 위해 베이징으로 갔다. 이모에게 지은 씨의 결심을 들은 엄마가 두만강을 건너 베이징까지 왔다. 지은 씨는 엄마를 설득했다. 엄마도 이미 새아버지와 헤어져 어렵게 살고 있던 터였다. 엄마는 두만강까지 언니와 함께 왔다고 했다. 강을 건너기 전, 언니는 국경 넘기를 포기했다. 마지막으로 언니와 통화를 했다. 언니는 울면서 지은 씨에게 말했다. "나는 도저히 못 가겠어. 미안해. 지은아, 우리 통일되면 보자."

○○ 거짓 신분증을 들고 한국 영사관에 들어가려고 줄을 서 있다가 브로커의 신호를 듣고 탈북자들이 우르르 몰려 들어갔다. 걸리면 죽는다는 생각에 온몸이 부들부들 떨렸다. 다행히 지은 씨도 엄마도 한국 영사관 진입에 성공했

다. 지은 씨는 홀로 길고 긴 조사 과정과 하나원 교육 과정을 마치고 2004년 비로소 한국 사회로 풀려났다. 북한에서 중국으로, 중국에서 한국 영사관으로, 그곳에서 다시 한국으로 넘어왔던 수년의 시간은 지금 돌이켜 생각해도 한 편의 잔혹한 영화 같다.

○○ 한국에 오니 모든 것이 달랐다. 젊은이들은 자유롭고 여유로워 보였다. 키가 크고 늘씬한 한국 사람들 사이에서 지은 씨는 더욱 왜소해 보였다. '고난의 행군'을 거치며 제대로 먹지도, 배우지도 못한 지은 씨는 고등학교 졸업 자격을 따기 위해 검정고시를 준비했다. 내가 지은 씨를 만난 것이 그맘때쯤이었다.

○○ 그 당시 지은 씨는 답답해하고 있었다. 가족을 버리고 이름을 버리고 탈북까지 했지만, 남한에서 지은 씨는 자꾸만 탈북자 사회 안에 갇혔다. 검정고시 학원도 정부에서 지원해주는 곳에 가면 탈북자뿐이었다. 남한 친구 하나를 사귀기가 하늘의 별 따기였다. 지은 씨는 일부러 개인 돈을 들여 남한 사람들이 다니는 검정고시 학원을 선택했다.

○○ 그러다 상처도 받았다. 사회과목 수업 시간에 강사가 북한에 대해 설명하는데, 맨 앞에 앉은 학생이 지은 씨를 가리키며 큰 소리로 말했다. "저기도 북한 사람 있잖아요!" 순간, 수백 개의 눈동자가 지은 씨를 쳐다봤다. 그 순간의 수치심을 지은 씨는 잊지 못한다. 얼굴이 벌게졌다. 쥐구멍에라도 숨고만 싶었다. 그 상황을 설명하며 지은 씨는 눈물을 글썽였다. 남한에 왔지만 남한은 멀고도 멀었다.

○○ 남한에는 물자도 풍족했다. 공부를 하며 이 색깔 저 색깔 볼펜을 사용할 때면 언니 생각이 난다고 했다. 북한에서는 언니와 합쳐서 외출복이 세 벌뿐

이었다. 빨고 말리며 돌려 입었다. 연필도 각자 하나씩이었는데 남한에 오니까 연필 하나는 우습다. 내가 지금 쓰는 이 물건을 언니에게 줄 수 있다면, 지은 씨는 이런 생각을 많이 했다.

○○검정고시를 단번에 합격한 지은 씨는 서울 시내 한 대학의 사회복지학과에 입학했다. 지은 씨의 꿈은 "그냥 깨끗한 옷 입고 사무실에서 일할 수 있는 직업을 갖는 것"이라고 했다. 남한의 텔레비전을 통해 본 '좋은 직업'의 이미지다. 구체적인 꿈을 그려보기에는 한국 사회에 대해 아는 것이 아직은 너무 없었다. 그렇게 지은 씨의 대학생활이 시작됐다.

"통일이 되면 제 역할이 있겠죠?"

○○하지만 지은 씨는 대학을 한 학기 만에 그만뒀다. 첫 수업부터 지은 씨는 '따라가기 벅차다'는 생각을 했다. 교수가 하는 이야기가 무슨 소리인지 알아듣기 어려웠다. 생소한 영어 단어를 너무 많이 섞어 쓰는데 일일이 물어보기도 힘들었다. 조별 발표 과제를 내주고 토론수업을 할 때면 쥐구멍에라도 숨어버리고 싶은 심정이었다. 북한에서는 똘똘하다는 소리를 듣던 지은 씨였다. 한국의 대학에서는 어느새 학습 부진아가 되어 있었다.

○○공부를 할 수 없다면 돈을 벌고 싶었다. 아는 언니의 소개로 간호조무사 학원에 등록해 자격증을 땄다. 한 병원에 취직해서 묵묵히 일했다. 사회생활을 하며 만나는 사람들에게는 모두 '강원도 출신'이라고 둘러댔다. 그래도 미심쩍어 하는 사람들이 있었다. 많이 친해졌다 싶은 사람에게만 탈북자라는 사실을 털어놨다. 모든 인간관계는 거짓말로 시작해 고백으로 끝이 났다. 탈

북, 검정고시, 대학생활, 취직, 사회생활, 연애 그 어느 것 하나도 지은 씨에게 쉬운 일은 없었다. 같은 하늘 아래 남한 젊은이들이 하지 않아도 될, 아니 꿈에도 생각해본 적이 없는 고민을 지은 씨는 떠안고 살아가고 있었다.

○○ 그런 그에게 결혼하고 싶은 남자가 생겼다는 소식은 반갑고도 떨리는 일이었다. 나는 진심으로 그가 잘 살기를 기도했다.

○○ 2012년, 이제 그는 결혼을 준비 중이다. 배 속에는 이미 아기가 생겼다며 지은 씨가 수줍게 웃었다. 남자친구와 적금통장을 만들어 벌써 1000만 원을 모았다며 앞으로도 성실히 살아갈 거라 말한다. 북한과 중국, 남한을 떠돌아야 했던 그의 인생은 외롭고 힘들었지만, 그는 자신의 아이에게만큼은 안정되고 평화로운 세상을 보여주려고 한다. "통일이 되면, 저같이 북한도 알고 한국도 알고 중국도 아는 사람이 할 수 있는 역할이 있겠죠? 그때를 생각하며 잘 살아가려고요. 우리 아기랑요."

미혼모로 살아간다는 것

28 청춘

불행은 좀처럼 혼자 오지 않는다

○○ "남자가 인생에 도움이 된 적이 없어요."

○○ 김미연(가명) 씨는 이렇게 말하며 잠시 웃었다. "그래서 아들이 아니길 바랐는데…." 엄마 옆에서 장난감을 갖고 놀고 있는 19개월 된 아들을 쓰다듬으며 미연 씨가 말했다. 폭력적인 아빠, 무기력한 남동생, 무책임한 남자친구. 많은 남자들의 얼굴이 아이의 얼굴 위로 겹쳤다. 미연 씨는 한숨을 쉬며 이야기를 시작했다.

○○ 2011년 여름, 가난한 미혼모의 사연을 취재하기로 했다. 취재가 성사돼 기사를 쓰게 될 경우 모금을 통해 미혼모에게 직접적으로 경제적인 도움까지 줄 수 있는 기획이었다. 미혼모지원네트워크를 통해 형편이 어려워 도움의 손길이 필요한 미혼모를 추천해달라고 요청했다. 미혼모라고 하면 눈부

터 훑기는 한국 사회에서 형편이 어려운 미혼모는 너무나 많다. 아니, 사정이 어렵지 않은 미혼모를 찾기 힘들 정도다.

○○그렇게 추천받아 만난 사람이 스물여덟 살의 김미연 씨였다. 가난한 미혼모라는 '스펙'만을 받아들고 미연 씨를 만나러 가는 길, 마음속에는 두려움이 스멀스멀 피어올랐다. 그리 길지 않은 취재 경험으로도 불행은 좀처럼 혼자 오지 않는다는 사실을 어렴풋이 알게 됐기 때문이다. 지긋지긋한 가난의 터널을 지나면서 사람들은 너무 쉽게 폭력과 우울에 노출된다. 물질적으로만이 아니라 정신적으로도 무기력해지는 경우가 흔하다. 미연 씨 역시 만나서 살아온 이야기를 듣다 보면 또다른 상처들이 굴비 엮듯 줄줄이 드러날 터다. 그걸 확인하기가 두려웠다.

"너를 임신해서 억지로 결혼했어"

○○서울의 한 한부모 지원시설에서 미연 씨를 만났다. 100년 만에 서울에 폭우가 쏟아졌다며 호들갑을 떨던 즈음이었다. 밖에는 비가 쏟아지고 미연 씨 옆에는 19개월 된 아들이 아장아장 걸어다니고 있었다. "아이를 낳고서야 어른이 된 것 같아요." 미연 씨는 아이를 토닥이며 미소를 지었다. 하지만 자신의 어린 시절부터 미혼모가 되기까지의 이야기를 털어놓기 시작하면서부터는 비처럼 눈물을 뚝뚝 흘렸다.

○○어린 시절의 기억을 되짚으면서 미연 씨가 가장 먼저 떠올린 것은 작은 창문이었다. 서울 약수동 달동네의 좁은 방은 낮에도 어두웠다. 하나 있는 작은 창문에는 바깥쪽으로 양철판이 덧대어져 있어, 빛이 제대로 들어오지 않

았다. 아버지는 사우디아라비아에 일하러 갔다고 했다. 식당일로 생계를 꾸렸던 엄마가 아침에 출근하면서 바깥에서 방문을 잠그면, 미연 씨는 두 살 어린 여동생과 다섯 살 어린 남동생을 껴안고 엄마가 돌아오길 기다렸다.

○○세 남매는 어두운 방에서 침침한 형광등을 켜고 하루를 보냈다. 무서울 때면 까치발을 들어 창문 틈으로 양철판을 밀어보았다. 일곱 살 고사리 손으로 안간힘을 써서 양철판을 밀어보면, 딱 그만큼 조그맣게 햇빛이 들어왔다. 엄마가 오시려나, 골목길은 제대로 보이지도 않았다. 어린 시절 공포와 위안을 동시에 주었던 작은 창문. 칭얼대는 동생들을 돌보느라 미연 씨는 슬퍼도 울지 못했다. 밤이 되면 녹초가 된 엄마가 문을 열고 들어와 자리에 누웠다.

○○초등학교 무렵 아버지가 돌아왔다. "돈 벌러 외국 갔다"던 아버지는 무슨 이유에선지 돈을 별로 벌어오지 못했다. 사우디아라비아에서 땡볕 아래 건설일을 했던 아버지는 한국에서도 '노가다'를 뛰었다. 일이 끝나면 술이 잔뜩 취해서 집에 돌아왔다. 집은 여전히 가난했고, 엄마는 계속 식당일을 했다. 술 취한 아빠는 하루가 멀다 하고 딸들을 때렸다. 하나뿐인 아들은 손대지 않았다.

○○술 취한 아빠를 피해 숨어 있다가 들켜서 맞는 날의 연속이었다. 세 남매는 자정쯤 돌아오는 엄마를 목이 빠지게 기다렸다. 엄마가 문을 열고 들어오면 세 남매는 엄마 뒤로 숨었다. 아이들 대신 엄마가 밤새 두들겨 맞았다. 코 고는 아버지 옆에서 온몸에 멍이 든 엄마가 울며 넋두리를 했다. "술버릇이 안 좋은 걸 알고 결혼하지 않으려 했는데…, 니가 생겨서 결혼했어." 엄마는 미연 씨에게 원망하듯 말했다. 그 말을 듣는 미연 씨는 죽고만 싶었다. 그의 어린 시절 일기장에는 "아빠를 죽이고 싶다"고 쓰여 있다.

○○ 폭력에 지친 엄마는 갈수록 무기력해져갔다. 미연 씨의 두 살 아래 여동생은 중학교 시절 집을 나갔다. 지방의 다방, 유흥업소를 전전하는 '업소 여성'이 됐다. 여동생은 이따금 집으로 돈을 부쳤다. 가난한 집에는 보탬이 됐다. 어떤 돈인지 알아도 쓸 수밖에 없었다. 집 나간 동생에게 돌아오라고 말하지도, 그렇게 보내온 돈을 돌려보내지도 못했다.

○○ 질척한 가난과 폭력의 늪에서 가장 먼저 폭발한 사람은 아버지에게 유일하게 직접적인 폭력을 당하지 않은 남동생이었다. 미연 씨가 스물셋이 되던 해, 늘 말이 없던 남동생이 눈을 뒤집었다. 늘 그렇듯 술을 먹고 엄마를 때리는 아버지를 향해 갑자기 다리미를 휘두르기 시작했다. 눈에는 살기가 이글거렸다. 무기력에 젖어 있던 집안의 여자들은 남동생의 모습에 충격을 받았다. '이러다 남동생까지 살인자가 되겠다' 싶은 생각에 미연 씨는 엄마와 동생의 손을 잡고 집을 나왔다. 더 가난한 보금자리에 둥지를 틀었다.

꿈이 떠나간 자리에 아기가 들어서다

○○ 남동생은 그렇게 딱 한 번 자신의 분노를 드러냈을 뿐, 다시 입을 닫았다. 미연 씨와 여동생이 벌어온 돈으로 남동생의 학비를 지원했지만, 전문대학을 졸업한 남동생은 취직도 하지 않았다. 서울 강남 지역의 술집에서 일한다는 여동생은 집을 나가 따로 살았다. 상고를 졸업하고 작은 무역회사에서 경리로 일하는 미연 씨의 월급이 위태로운 집안을 지탱해나갔다.

○○ 미연 씨의 인생에도 딱 한 번 행운이 찾아왔다. 작은 무역회사에서 경리로 일하면서 틈틈이 한 문구점에서 아르바이트를 하던 때였다. 문구점 손님

으로 자주 와서 친해진 이가 자신의 회사에 이력서를 내보라고 했다. 그렇게 중견기업에 경리로 들어가게 됐다. 주변에 일하는 이들은 모두 대학을 나온 사람들인 세상이었다. 이전까지는 100만 원을 조금 웃돌던 월급이 180만 원으로 껑충 뛰었다.

○○180만 원의 월급을 받게 되면서 미연 씨는 처음으로 자신만의 꿈을 꿨다. 미연 씨는 어린 시절 잠시 태권도를 배운 적이 있다. 사범님이 "소질이 있다"며 태권도를 계속할 것을 권했지만 돈이 없어 포기했다. 운동신경이 좋은 미연 씨는 경찰이 되고 싶었다. 고졸도 경찰 공무원 시험에 도전할 수 있다. 학원비 정도만 모을 수 있다면 도전하고 싶다고 간절히 기도했다. 집에 생활비를 주고 조금씩 돈을 모았다. 3년 만에 중견기업에 사표를 냈다. 놓치기 아까운 직장이었지만 딱 한 번은 꿈을 위해 모험을 해보고 싶었다.

○○각종 수험생이 몰려드는 서울의 노량진으로 찾아갔다. 2년 동안 학원을 다니며 경찰 공무원 시험에 도전했다. 하지만 모두 떨어졌다. 공무원 시험을 준비하는 고시생들은 가늠할 수 없을 정도로 많았다. 막상 도전해보니 양철판을 살짝 들어 바깥세상의 눈부신 햇살을 구경만 하고 만 것 같은 기분이었다. 돈은 떨어져갔다. 그새 엄마는 새 남자를 만나 집을 나갔다. 무기력한 엄마는 늘 남자에 의존적이었다. 이번 남자도 가난하고 무능력한 이였다. 엄마가 원망스러웠다. 현실은 구렁텅이였다.

○○미연 씨가 해방구로 삼은 것 또한 연애였다. 공무원 시험을 준비하는 한 살 연하의 남자를 만났다. 학원을 함께 다니는 이였다. 미래에 대한 불안, 시험에 대한 압박감, 쳇바퀴 도는 일상의 지루함을 연애의 열정으로 극복해보려 했다. 함께 밤거리를 누비고 사랑을 나누고 나면 가슴속의 구멍이 조금은

메워지는 것 같았다.

○○ 하지만 미연 씨도 "이미 알고 있었다"고 했다. 상대는 좋은 남자가 아니었다. 늘 바람을 피우고 거짓말을 했다. "남자가 저 만나는 동안에도 바람을 피우고 나쁜 짓하고 다닌다는 걸 알았는데…. 제가 더 많이 좋아하고 기대다 보니 포기를 못했어요."

○○ 남자도 여자도 시험은 내리 떨어졌다. 공무원 시험을 포기할 때쯤, 사랑도 끝이 났다. 헤어질 무렵, 임신 사실을 알게 됐다. 임신 사실을 알고도 남자는 별다른 반응을 보이지 않았다. '이미 헤어진 사이, 아이 때문에 잡지는 말자'고 생각하며 미연 씨도 등을 돌렸다. "너를 임신해서 어쩔 수 없이 결혼했다"는 엄마의 원망 섞인 목소리가 들려오는 듯했다. 나는 다르게 살겠다, 다짐을 했다.

○○ 얼마 뒤 길에서 우연히 다른 여자와 데이트를 하고 있는 남자와 마주쳤다. 미연 씨도 아는 여자였다. 그동안 바람을 피우고 있었다니, 피가 거꾸로 솟았다. "나와 아이를 책임지라"고 따졌다. 인천에 있는 남자의 부모에게까지 찾아갔다. 하지만 되레 "왜 남의 아들 인생 망치려고 하냐"는 폭언을 들었다. 혼자 울면서 집으로 돌아왔다.

엄마다, 결혼하지 않았을 뿐

○○ 집에는 아무도 없었다. 새 남자 만나 집 나간 엄마, 소식도 모르는 아빠, 술집에 나가는 여동생, 삶에 의욕이 없는 남동생. 그리고 이제는 배 속에 아기까지 생겼다. 앞날이 깜깜했다.

○○ 공무원 시험을 그만둘 무렵부터 다녔던 세무사 사무실에도 사표를 냈다. 직속상관인 세무사는 여성들이 짧은 치마를 입는 것도 욕하는 보수적인 50대 남성이었다. 임신한 뒤로 그를 볼 때마다 공포를 느꼈다. "결혼도 안 한 내가 임신한 사실을 알면 뭐라고 할까, 상상만 해도 너무 무서웠어요." 미혼모에 대한 편견이 뿌리 깊은 한국 사회에서 예비 미혼모는 죄지은 듯 먼저 고개를 숙인다. 미연 씨도 예외가 아니었다.

○○ 그런데도 아이를 낳았다. "낙태나 입양은 생각하지 않았어요. 제 아이니까 함께 살고 싶었어요." 한번은 미연 씨와 아이를 보러 왔던 큰이모가 말했다. "어릴 때 기억나니? 집에서 키우던 강아지가 죽으니까 네가 그걸 하루 동안 품고 있었잖아. 그렇게 정 많은 네가 니 새끼를 어떻게 입양 보내겠니."

○○ 미연 씨는 산후조리도 하지 못한 채 악착같이 구청, 각종 지원센터의 문을 두드렸다. 한부모 가족을 위한 임대주택을 신청하고 소득이 없다는 자료를 준비해 기초생활수급권을 신청했다. 아직까지 우리나라에서 미혼모가 국가 지원을 받기 위해서는 스스로 빈곤층임을 입증해 기초생활수급비를 받는 방법밖에 없다.

○○ 구청에서 "부양 의무자인 아버지의 소득과 여동생의 소득이 잡혀 수급비를 10만 원밖에 줄 수 없다"는 연락을 해왔을 때 미연 씨는 극심한 우울증에 시달렸다. 그런데 친척집을 전전하느라 아이와 함께 주소지를 옮겼더니 아무런 통보 없이 기초생활수급비가 60만 원까지 나오기 시작했다. 미연 씨는 "구청마다, 수급 자격 조사를 하는 사회복지사마다 기준이 달라서 왜 갑자기 수급비를 더 주는지 알 수는 없지만, 일단 돈이 너무 필요하니 받고 있어요"라고 했다. 괜스레 왜 수급비가 올랐는지 알아봤다가 오히려 깎일까봐

쉬쉬하고 있다며, 말끝에 허탈한 웃음을 지었다.

○○ 기초생활수급비와 15만 원에 불과한 양육수당에 기대 미연 씨는 19개월 된 아들과 백수인 남동생을 데리고 살아간다. 얼마 전에는 여동생이 사채를 빌려 그 돈을 대신 갚느라 600만 원의 빚까지 졌다. 어렵게 들어간 임대주택에서 임대료는 물론 전기세, 도시가스 요금, 휴대전화 요금이 모두 두 달 이상씩 밀려 있다. 열성경련을 앓는 아이는 열이 조금만 올라도 발작을 일으킨다. 구청에서는 "아이를 어린이집에 보내고 엄마가 일해야 하지 않느냐"는 전화가 왔다. 기초생활수급비를 받을 날도 얼마 남지 않았다.

○○ 그래도 미연 씨는 삶을 포기하지 않는다. 서울시 한부모가족지원센터에서 피부 마사지와 발 마사지 자격증을 따기 위해 수업을 듣고 있다. "아이를 낳고 전 더 건강하고 강해졌어요. 더이상 남자 때문에 힘들어하지 않고 삶을 개척해볼 거예요." 미연 씨처럼 미혼모의 길을 선택하는 이들은 한 해 6,500명을 넘어선다.

4
그리고 사건은 계속된다

만삭의 의사부인 사망사건

"아내가 사망한 것 같다"

○○"살다 보니 아는 사람이 뉴스에도 나오는군요. '만삭 의사부인 사망사건', 그 의사가 제 대학 동기네요. 그 친구와 농활 갔던 기억이 아직도 생생한데. 갑자기 부인이 사망했다고 해서 장례식장에도 갔었는데. 제 동기가 유력한 용의자라니…."

○○2011년 2월 평소 알고 지내던 한 의사에게 문자메시지가 왔다. 연세대 의대를 졸업한 이였다.

○○1월 14일 서울 마포구의 한 주상복합 아파트에서 만삭인 박아무개 씨가 화장실 욕조에서 죽은 채 발견됐다. 주검을 발견한 이는 의사인 남편 백아무개 씨였다. 그는 이날 오후 5시 12분쯤에 119에 전화를 걸어 "아내가 욕조에 쓰러져 있는데 사망한 것 같다. 의식이 전혀 없다. 내가 의사인데 사망한 다

음에 수 시간 이상 지난 것 같다"라고 신고했다.

○○발견 당시 박 씨는 잠옷을 입고 있었다. 떠밀려 주저앉기라도 한 듯 만삭의 배를 위로 한 채 욕조를 가로질러 쓰러져 있었다. 허벅지 부분이 욕조에 걸쳐진 채 무릎 아래로는 욕조 바깥으로 나와 있고, 욕조 안쪽으로 구부러져 들어간 상체는 바닥에서 조금 떠 있는 상태였다. 숙여진 머리는 왼쪽으로 기울어졌는데 여러모로 불편한 자세였다.

○○경찰 수사 초기에는 사고사로 가닥이 잡히는 듯했으나 곧 살인 가능성이 점쳐졌다. 용의자는 남편이었다.

사건이 나를 잡아끌다

○○내가 다니는 일터가 있는 마포구에서 발생한 사건, 사망자는 출산을 한 달도 채 남기지 않은 만삭의 20대 여인, 용의자는 명문대 의대를 졸업한 의사인데다 나와 동갑인 80년생 남성. 게다가 남편은 아내가 사고로 숨졌다며 장례식까지 치렀다고 하지 않는가. 장례식장에서는 슬픈 기색이 역력했다고 한다. 도대체 어떻게 된 일일까. 진실은 무엇일까. 사건이 날 잡아끌었다.

○○2011년 3월 24일 검찰은 부인을 살해한 혐의로 백 씨를 구속기소했다. 백 씨는 혐의를 완강히 부인했다. 법정 공방이 시작됐다.

○○당시 경찰기자였던 나는 서울의 영등포, 양천, 구로, 강서 지역을 담당하고 있었다. 신문사, 방송사를 막론하고 대부분의 경찰기자는 서울을 여러 지역으로 쪼개서 나눠 맡아 취재를 한다. 무언가 사건이 발생했을 경우 그 지역을 담당하는 경찰기자가 해당 사건을 챙기는 시스템이다. 때문에 마포에서

일어난 사건은 내 소관이 아니었다. 그런데도 관심이 가는 걸 어쩌겠나. 마포 담당 경찰기자가 자리를 비운 틈을 타서 그 대신 2011년 8월 11일 '만삭 의사 부인 사망사건' 공판에 들어갔다. 오후 2시, 서울 서부지방법원 303호였다.

○○ 하얀 얼굴에 까만 뿔테 안경을 낀 백 씨의 외모는 '전형적인 모범생'이라 표현할 만했다. 누런색 수의를 입고 변호사 옆에 앉아 있는 모습 또한 단정했다. 검정색 모나미 볼펜을 만지작거리는 손가락은 하얗고 가느다랬다. 이따금 앞에 놓인 종이에 낙서를 했고, 한쪽 손으로 턱을 괴기도 했다. 무료한 듯 볼펜을 돌리기도 했다. 지금 내 눈앞에서 저렇게 태연히 앉아 있는 남자가 정말로 부인을 죽였을까? 알 수 없었다.

○○ 당시 6개월이 넘도록 이어진 이 사건의 재판은 무죄를 주장하는 백 씨 쪽 변호인과 살인을 증명하려는 검사 쪽의 치열한 싸움이었다. 공판 때마다 팽팽한 긴장감이 흘러 방청객들도 숨을 죽였다. 방청석에는 백 씨와 박 씨 양가의 가족들도 앉아 있었다.

○○ 7월 21일에 열렸던 공판에서는 백 씨 쪽 변호인이 캐나다 법의학자 마이클 스벤 폴라넨을 앞세워 "이번 사건은 전형적인 '이상자세에 의한 질식사'" 라고 주장했다. 갑작스레 이상한 자세에 빠진 사람이 꼼짝 못한 채 숨 막혀 죽었다는 의미다. 폴라넨은 목이 뒤로 젖혀진 자세로 쓰러진 76세 노인의 질식사 사례를 연구한 자신의 논문을 예로 들며, 숨진 박 씨 역시 마찬가지 상황이었다고 주장했다. 당시 공판은 열 시간이 넘도록 이어졌다. 백 씨는 이 같은 설명을 그저 듣고만 있을 뿐이었다. 방청석에 있던 박 씨의 유족들은 백 씨 쪽의 주장이 말도 안 된다며 가슴을 쳤다.

질식사 대 살인, 법의학 공방

○○8월 11일 공판에는 국내 법의학자들이 총출동했다. 재판은 '국내 법의학자 대 해외 법의학자' 사이의 싸움 구도로 흘러갔다. 국립과학수사연구원(이하 국과수) 법의관들은 부검 결과를 바탕으로 꼼꼼하게 '이상자세에 의한 질식사'라는 백 씨 쪽의 주장을 반박했다.

○○"피고인 쪽에서는 숨진 박 씨가 욕조에 빠져 꼼짝 못한 상태로 질식사했다는 '이상자세에 의한 질식사'를 주장하고 있지만 그렇게 보기 어렵습니다. 아무리 만삭이라 해도 박 씨가 욕조에 쓰러진 자세가 호흡이 불가능한 자세라 할 수 없고, 그 자세를 벗어나기 위해 발버둥 친 흔적조차 없습니다. 외부 충격으로 생긴 머리 상처는 네다섯 군데로 한 번의 충격으로 의식을 잃었다고 보기도 어렵습니다. 게다가 목 안쪽 특정 부위에서 출혈이 발견됐는데, 이는 목이 졸렸을 가능성을 시사합니다."

○○최영식 국과수 수석법의관이 담담하면서도 강한 어조로 말했다. 1991년부터 국과수 법의관으로 일해오며 4,000건 이상의 부검을 했다는 그는 박 씨가 자세에 의해 질식사했을 가능성을 일축했다. 그가 설명하는 상황은 모두 숨진 박 씨가 누군가에 의해 살해됐을 가능성을 강하게 내비쳤다.

○○이어 서중석 국과수 법의학부장이 증인석에 섰다. "박 씨가 욕조에서 넘어져 사망했다면 욕조 안에서 소변이 발견돼야 하는데, 박 씨의 옷에 묻어 있는 소변이 욕조에는 묻어 있지 않습니다. 소변은 제3의 장소, 안방 침대에 묻어 있었습니다. 또한 박 씨의 머리가 왼쪽으로 기울어져 있는데도 눈에서 흘러내린 핏자국은 그 반대 방향입니다. 현장이 자연스럽지 못하다는 거죠. 사망 뒤 옮겨졌을 가능성이 있습니다."

○○국내 법의관들의 공세가 강해질수록 피고인석에 앉아 있는 백 씨는 고개를 숙여 자세를 낮췄다. 한쪽 손으로 뺨과 목 뒤를 비비곤 했다.

○○증언을 마친 뒤 법정 밖 복도에 만난 법의관들은 지친 표정으로 "이번 재판, 참 힘들다"고 말했다. 결국 한국과 캐나다, 법의학자들의 논쟁은 '가능성'에 대한 것이었다. 검찰은 '살인 가능성'을, 변호인은 '사고 가능성'을 이야기했다. 결정적인 증거는 누구도 제시하지 못했다.

○○2011년 9월 15일 서울 서부지법 형사12부는 백 씨에 대해 살인죄로 20년형을 선고했다. 검찰이 무기징역을 구형한 것에 비해 형이 가볍다며 박 씨의 유족들은 눈물을 흘렸다. 법원은 "백 씨가 부인을 목 졸라 사망하게 한 점은 인정된다"면서도 "다만 계획적인 범행으로 보기는 어렵다"고 판단했다.

2심에 따른 사건의 재구성

○○그렇다면 사건 당일, 2011년 1월 14일에는 어떤 일이 벌어진 것일까. 검찰 수사와 변호인의 주장, 2심까지의 법원 판결문 등을 종합해 그날을 재구성하면 이렇다.

○○사건 하루 전인 1월 13일은 백 씨의 전문의자격 시험이 있는 날이었다. 백 씨의 전공은 소아청소년과였다. 지난 10년 동안 전문의자격 1차시험의 평균 합격률은 90퍼센트대여서 통과가 그리 어렵지 않은 것으로 여겨져 왔다. 그런데 백 씨가 시험을 치른 2011년, 시험이 매우 어렵게 출제됐다. 소위 '족보'라고 하는 기출문제 자료집에서 거의 출제되지 않았다고 한다. 백 씨는 시험을 망쳤다. 2011년 소아청소년과 1차시험 합격률은 50퍼센트대로

반토막이 났다.

○○ 오전 9시부터 정오까지 시험을 본 백 씨는 자신이 레지던트로 일하던 서울 신촌 세브란스병원에 가서 담당교수를 만난 뒤 아내 박 씨에게 전화를 했다. 한국외대에서 영어교육학으로 석사까지 마친 박 씨는 경기도 분당의 한 영어유치원에서 교사로 근무하고 있었다. 이날 일찍 일을 마친 박 씨는 오후 4시 30분께 신촌역 부근에서 남편 백 씨를 만나 패밀리 레스토랑에서 이른 저녁식사를 했다. 오후 6시가 다 되어서 집에 돌아온 부부의 모습이 아파트 엘리베이터 CCTV에 잡혔다. 마주보며 이야기를 나누다가 아내 박 씨가 반대 방향으로 돌아서는 장면이었다.

○○ 백 씨는 아내에게 "떨어뜨리려고 낸 문제도 아니고 왜 이렇게 어렵게 냈는지 모르겠다. 누구도 합격을 장담하지 못할 것"이라며 시험에 대해 불평을 했다고 한다. 사실 군 입대와 아내의 출산을 동시에 앞두고 있던 백 씨는 이번 전문의시험에 합격해야만 서울에 있는 부대에서 군의관으로 일할 수 있는 상황이었다. 서울 근무가 확정된다면 아내의 산후조리를 위해 안양에 있는 처가에 들어가 살면서 군 복무를 할 요량이었다. 시험에 떨어진다는 것은 이 모든 계획이 뒤죽박죽된다는 뜻이었다.

○○ 시험 이야기를 시작으로 두 사람은 다투기 시작했다. 싸움 끝에 백 씨는 방으로 들어가버렸다. 컴퓨터를 켜고 평소 중독적으로 좋아하던 판타지 소설을 읽기 시작했다. 이후 새벽 3시까지 여섯 시간 연속으로 〈세틀러〉라는 컴퓨터 게임을 했다. 게임을 끝낸 뒤 그는 디시인사이드 등 인터넷 사이트에 접속한 뒤 컴퓨터를 껐다.

○○ 그 뒤 백 씨는 박 씨와 다시 다투었다. 시험을 망쳤다며 성질을 내다가 컴

퓨터 게임에만 몰두하는 남편을 보며 만삭의 아내는 무슨 생각을 했을까. 컴퓨터 앞에서 오랜 시간을 보낸 남편 백 씨는 어떤 상태였을까. 검찰은 싸움 도중 흥분한 백 씨가 아내의 목을 손으로 눌렀다고 주장했다. 아내가 남편의 팔을 할퀴며 저항했지만, 백 씨는 손의 힘을 풀지 않았을 것이다. 곧 아내의 숨이 끊어졌다.

"백 서방, 무슨 일 있어?"

○○ 새벽 6시 41분, 백 씨의 모습이 다시 아파트 엘리베이터에 나타났다. 그는 엘리베이터 안 거울에 자신의 이마 상처를 비춰봤다. 날카롭게 패인 상처였다. 그 길로 그는 병원 숙직실에 들렀다가 도서관에 갔다. 시험 다음 날 새벽에 공부하러 도서관에 간 것이다. 그는 도서관 CCTV 위치를 확인해 영상이 잡히지 않는 자리로 바꿔 앉았다.

○○ 오전 8시 55분, 평소에 좀처럼 처가에 전화하는 일이 없던 그가 장모에게 전화를 했다. "시험이 어려워 떨어지는 사람이 많을 것 같다"며 "아내가 4시 이후에나 통화가 된다"고 덧붙였다. 딸의 유치원 수업이 4시에 끝나는 사실을 잘 알고 있던 장모는 "나도 그런 줄 알고 있다"고 답하며 사위의 행동을 의아하게 생각했다.

○○ 한편 박 씨가 근무하던 영어유치원에서는 난리가 났다. 아무런 연락 없이 박 씨가 출근하지 않자, 동료들은 그에게 계속 전화를 했다. 박 씨가 전화를 받지 않자 수소문 끝에 남편의 전화번호를 알아내 백 씨에게도 전화를 했지만 마찬가지였다. 백 씨는 이날 오후 5시가 다 되도록 전화를 한 통도 받지

않았다.

○○ 박 씨의 유치원 동료들이 수소문 끝에 박 씨의 이모에게 연락을 했고, 마침내 박 씨의 어머니가 이 같은 사실을 알게 됐다. 장모로부터 "백 서방, 무슨 일 있어?"라는 문자메시지를 받고 나서야 백 씨는 장모의 전화를 받았다. 전화를 받을 때는 인사나 "여보세요"와 같은 말을 하지 않은 채 "도서관에서 나와 전화를 받습니다"라고 말해 장모는 다시 한 번 의아하게 생각했다.

○○ "딸이 출근도 안 했고 연락도 안 된다니 집에 한번 가보라"는 장모의 말에 백 씨는 도서관을 나섰다. 집으로 가는 길에 백 씨는 부재중 전화가 걸려와 있던 아내의 동료들에게 전화를 걸었다. 하지만 아내의 휴대전화나 집전화로는 전화를 걸지 않았다. 집에 거의 다 와서야 아내의 휴대전화로 딱 한 번 전화를 걸었을 뿐이다.

○○ 백 씨가 집에 도착한 시각은 오후 5시 7분이다. 아침에 나갈 때와 마찬가지로 그는 엘리베이터 안 거울을 통해 자신의 얼굴과 팔에 난 상처를 살펴보았다. 비밀번호를 누르고 집에 들어간 그는 안방 욕실 욕조에 쓰러져 있는 아내를 발견했다. 그는 아내의 배에 손을 올려 태동이 있는지를 확인한 뒤 더이상 아내를 만지지 않고 장모에게 전화를 걸었다.

○○ "아내가 욕조에서 넘어져 죽은 것 같습니다. 죽은 지 시간이 좀 된 것 같아요." 이어 119에 신고를 했다.

○○ 사체를 옮기기 직전 장인과 장모가 현장에 도착했다. 딸의 모습에 부모는 기겁했다. 눈이 무척 나쁜 딸은 안경도 쓰지 않은 상태였다. 부모가 딸이 혼자 넘어져 죽었을 리 없다 믿는 이유다. 장인은 사위의 얼굴에 난 상처를 보고 "너희들 싸웠니?"라고 물었다. 백 씨는 "아내에게 일방적으로 당했죠.

전문의시험은 누구나 떨어질 수 있습니다"라고 답했다. 장인이 재차 "이마는 왜 그런가?"라고 묻자 백 씨는 부엌으로 걸어가 찬장을 가리키며 "여기서 그랬습니다"라고 말했다. 아내 박 씨의 주검은 남편이 레지던트로 일하던 신촌 세브란스병원으로 옮겨졌고, 빈소가 차려졌다.

오래된 상처, 그리고 열등감

○○ 중요한 시험을 망쳤다고 해도, 부부싸움을 격렬하게 했다고 해도 도대체 백 씨는 왜 자신의 아이를 가진 만삭의 아내를 상대로 살인까지 저지른 걸까. 검사는 이를 분석하기 위해 백 씨의 성장 과정을 설명했다. 건조한 목소리를 타고 한 젊은이의 오래된 상처가 드러났다.

○○ 백 씨가 초등학교에 다닐 무렵 아버지의 인쇄소 사업이 부도가 났다. 부도와 함께 아버지는 무너졌다. 극심한 조울증에 시달리며 가족에게 폭력을 휘둘렀다. 이후 뇌경색을 앓게 되면서 경제활동을 하지 못했다. 우울한 집안 분위기, 폭력, 가난이 지배하는 공간에서 어머니는 독하게 백 씨와 백 씨의 형을 지켰다. 가사도우미 일을 하면서 형제에게 공부만을 강조했다.

○○ 폭력적인 아버지와 공부만 강조하며 희생하는 어머니를 보며 형제는 자랐다. 현실이 어려울수록 둘 다 공부에 매달렸다. 형은 서울대 의대, 백 씨는 연세대 의대에 합격했다. 요즘 힘들다는 '개천에서 용 난' 아름다운 결말로 보일 수도 있는 순간이었다.

○○ 하지만 공부를 강요당하며 살아온 백 씨의 마음은 현실 도피의 욕구와 비뚤어진 엘리트 의식으로 멍들어 있었다. 백 씨는 10대 때부터 판타지 소설

과 컴퓨터 게임에 빠져들었다. 대학에 입학해서도 하루에 열 시간씩 컴퓨터 게임에 몰두했다. 결혼을 하고 아내가 임신을 해도 백 씨의 게임 중독은 나아질 기미를 보이지 않았다.

○○집 안에 있을 때 아내는 거실 텔레비전 앞, 남편은 컴퓨터 앞을 지켰다. 백 씨의 컴퓨터에는 97개의 게임과 4만 7,413편의 판타지 소설이 저장되어 있었다. 박 씨는 가족과 친구들에게 "남편이 집에서 게임만 한다"며 속상해 했다. "남편이 욱하는 성질이 있다"는 이야기도 했다.

○○백 씨는 스물네 살이 되던 2003년, 당시 스물두 살이던 아내 박 씨를 만나 사귀기 시작했다. 박 씨는 백 씨와 달리 유복하고 화목한 가정에서 자란 아가씨였다. 백 씨는 의대 본과 4학년 때부터 박 씨의 부모로부터 월 50만 원의 생활비를 보조받는 등 결혼 이전부터 처가로부터 경제적 도움 및 생활상의 여러 도움을 받았다. 2009년 결혼한 뒤에도 처가에서 월세와 대출금 이자 등을 대신 내주었다.

○○처가의 전폭적인 지원을 받으며, 열등감 때문인지 백 씨의 엘리트 의식은 더욱 강해졌다. 박 씨의 부모는 "사위가 엘리트 의식이 있어 자존심을 건드리면 화를 내는 것 같다"며 "사위는 서울대 의대, 연세대 의대, 가톨릭대 의대생 외에는 모두 자기 밑으로 생각한다는 말을 딸에게 들은 적이 있다"고 검찰에서 진술했다.

미궁 속으로 빠진 사건

○○ 엘리트 의식에 사로잡힌 명문대 의대생이 전문의자격 1차시험에 떨어졌다. 판타지 소설과 게임에 중독된 그는 새벽 3시가 넘도록 컴퓨터를 붙들고 있었다. 만삭의 아내와 싸웠다. 자존심이 상했다. 그리고 싸움이 벌어졌다. 그리고 아내가 죽었다.

○○ 1심에서 법원은 그를 살인범으로 지목했다. 하지만 백 씨는 범행을 인정하지 않았다. 항소심에서 판사는 징역 20년형을 확정하며 이렇게 말했다. "피고인, 만약 범행 사실을 인정하고 진실로 용서를 구했다면 사정이 변경될 수 있었는데, 결국 피고인은 (범행을 인정하지 않았던 1심 때와) 동일했습니다."

○○ 하지만 대법원에서 판결은 뒤집어졌다. 대법원은 검찰이 백 씨의 아내가 '이상자세에 의한 사망'이 아니라는 점을 완벽히 입증하지 못했고, 대부분 정황상의 증거일 뿐 결정적인 증거가 없다는 점을 들어 백 씨를 살인범으로 단정할 수 없다고 판단했다. 또한 백 씨가 아내를 죽인 동기 역시 미약하다고 판단했다. 백 씨가 무죄라는 취지가 아니라 백 씨의 유죄를 입증하기에는 부족하다는 판결이었다.

○○ 이제 다시 검찰의 조사와 범죄 입증이 이어질 차례다. 결정적 증거가 나타나지 않는다면 사건은 영영 미궁에 빠질지 모를 일이다.

○○ 과연 그는 아내를 죽였을까, 죽이지 않았을까. 답은 그만이 알고 있다. 고개를 숙인 채 새하얀 손가락으로 모나미 볼펜을 돌리며 법정에 앉아 있던 그는 무슨 생각을 했을까? 세상 사람들이 '좋다고 하는' 대학을 나와 '좋다고 하는' 직업을 가진 그가 한순간 살인사건의 용의자가 돼 법정에 섰다. 수의를 입고 앉아 주변 사람들이 자신에 대해 "과도한 엘리트 의식이 느껴졌다"고

증언한 내용을 수도 없이 들어야 했다. 가정 폭력에 시달리고 공부만을 강요당했던 어린 시절의 상처도 들춰졌다. 누가 범인이든 백 씨도, 죽은 그의 아내와 아이도 모두 불쌍한 안타까운 사건이었다.

온라인 논객의 죽음

서초동 법원, 의문의 추락사

○○ 2010년 10월 16일 오후 3시, 서울 서초동의 법원종합청사 5층 난간에서 한 남자가 피투성이가 돼 숨진 채 발견됐다. 우리가 '법원' 하면 떠올리곤 하는 건물의 아치 모양 기둥이 있는 바로 그곳이다. 21층 건물 옥상에서 떨어져 죽은 것으로 보이는 남자는 그 법원에서 근무하는 공익근무요원 강일곤(가명) 씨였다. "법원에서 공익이 자살했다!" 세간의 관심을 끌 법한 사건이었다. 강남 한복판, 그것도 법원 건물, 그것도 스물다섯 살의 젊은 공익근무요원이라니 말이다.

○○ 법원 건물에서 공익근무요원의 주검이 발견된 날, 발 빠르게 제보를 접했다. 전화 너머 제보자는 의혹에 가득 찬 목소리로 말했다. "법원이 공익근무요원들을 휴일인 토요일에 불러내서 법원 곳곳을 수색하게 했어요. 그 결

과 전날 실종됐던 요원이 죽은 채 발견됐고요. 정말 이상하지 않나요? 법원 쪽은 그 요원이 법원 안 어딘가에서 죽어 있을 거란 사실을 어떻게 안 걸까요?"

○○ 당시 나는 사회부 경찰기자로 강남 지역을 담당하고 있었다. 제보를 접한 시각은 마감을 끝내고 회의를 하기 위해 강남경찰서를 나서서 마포에 있는 회사로 들어가던 길이었다. 일단 제보 내용을 확인해볼 필요가 있다는 생각에 캡에게 전화를 걸어 회의에 늦거나 참석하지 못할 수 있다고 보고했다. 그 길로 차를 돌려 숨진 요원의 빈소가 차려진 강남성모병원 장례식장으로 향했다.

○○ 영정 사진 속 그는 안경을 쓰고 얼굴에는 여드름이 난, 앳되어 보이는 얼굴이었다. 165센티미터의 키에 왜소한 체격이지만 덩치가 작은 편은 아니다. 갑작스런 죽음이었으니 빈소의 분위기는 한없이 무거웠다. 거듭 겪어봐도 장례식장 취재는 어렵다. 한없이 슬픈 이들에게 한없이 냉정한 질문을 던져야 하기 때문이다. 강 씨의 유족 중에 취재에 도움을 줄 만한 이를 찾았다. 강 씨의 아버지가 굳은 표정으로 나를 맞이했다.

○○ 강 씨의 아버지는 첫 대면에서 자신이 명문대를 졸업해 대기업의 임원까지 한 사람이라고 소개했다. 자신이 알고 지내는 언론인도 여럿이라고 했다. 강남의 유명 아파트에 사는 그는 자신과 가족에 대한 자부심이 넘쳐흐르는 이였다. 때문에 누구보다도 아들이 자살했을 거라 믿지 않았다. "이건 타살입니다. 의심스러운 것이 한두 가지가 아니에요." 아버지와의 대화 내내 꽉 막힌 도로를 운전하는 기분이었다. 유서 한 장 나오지 않은 추락사 시신을 앞에 두고 나눌 수 있는 말도 별로 없었다.

○○그날 장례식장까지 가서 직접 취재를 했지만 기사는 쓰지 않았다. 자살이 맞는지, 자살했다면 원인이 무엇인지조차 알 수 없는 상태에서 단순히 그의 죽음을 알리는 기사를 쓰는 것은 무의미했다. 흥미 위주의 자살 보도는 사회에 독이 된다. 많은 이들을 우울하게 할 뿐이다. 나는 기사를 쓰지 않았지만 몇몇 매체는 '법원에서 법원 소속 공익근무요원이 뛰어내려 자살한 사건'이 벌어졌다며 스트레이트 기사로 그의 죽음을 세상에 알렸다. 잠시 인터넷 포털사이트가 시끌했다. 그리고 모두 잊었다.

이건 단순한 자살이 아니다

○○비록 사건 발생 당시에 기사를 쓰지는 않았지만 이 사건에 대한 의혹이 뇌리에서 떨쳐지지 않았다. 법원 소속 공익요원이 다른 곳도 아닌 자신의 근무지에서 몸을 던졌다는 사실에는 어떤 의미가 있을 것이란 생각이 자꾸 머릿속을 맴돌았다. 자살인데 유서도 쓰지 못했다면, 어떤 사정이 있을 것만 같았다. 지속적으로 경찰에 수사상황을 확인하고 유족과도 연락을 취했다.

○○강 씨가 근무지에서 자취를 감춘 날짜는 주검이 발견되기 하루 전인 10월 15일, 금요일이었다. 공익요원들을 관리할 책임이 있는 법원 쪽은 강 씨가 퇴근 시간이 지나도 복귀하지 않았지만 별다른 조치를 취하지 않다가, 강 씨의 가족들이 경찰에 실종 신고를 하고 나서야 움직였다. 법원 공무원들은 공익근무요원들을 휴일인 토요일에 불러내 법원 곳곳을 수색하게 했다. 아침부터 오후까지 이어진 수색 끝에 한 공익요원이 주검을 찾았다. 요상한 절차였다.

○○숨진 강 씨는 주머니에 휴대전화를 갖고 있었지만 어느 누구에게도 마지막으로 문자메시지조차 보내지 않았다. 아침에 집을 나서며 함께 살고 있는 부모에게도 별다른 이야기를 하지 않았다. 유서조차 준비하지 않은 사람치고 자살 시도는 필사적이었다. 경찰 수사 결과를 토대로 하면, 그렇다. 강 씨의 주검 옆에서는 밧줄이 발견됐다. 동료들은 15일 오전에 그가 목과 눈이 벌게진 상태로 지나가는 모습을 목격했다고 경찰에서 진술했다. 경찰은 그가 15일 오전에 밧줄로 목을 매려다가 실패한 뒤, 오후에 다시 21층 옥상에 올라 몸을 던졌을 것이라 추정했다. 옥상에서 몸을 던진 순간, 그는 가족이나 가까운 누군가에게도 말하지 못할 크나큰 절망과 공포를 안고 죽음만을 바랐다는 이야기가 된다. 무엇이 그를 그토록 절박하게 자살로 내몰았을까.

○○경찰은 정황상 자살로 보이는 이 사건을 하루빨리 자살로 결론짓고 '수사 종결'을 하고자 했다. 서초경찰서는 현장 검증 및 1차 부검 결과 사망원인을 '추락으로 인한 두개골 파손'으로 정리했다. 수사 종결을 선언하지는 않았지만 강 씨의 죽음을 명백한 자살로 보고 더이상 수사를 진행하지 않았다. 만약 강 씨의 죽음이 타살이 아닌 자살이라면 경찰 입장에서도 강 씨 죽음의 이유까지 파헤쳐야 할 책임은 없다.

○○죽음의 원인을 밝히는 데 온 힘을 다한 것은 당연히 유족이었다. "일곤이가 죽기 전에 경찰 조사를 받았었다네요. 우리도 전혀 몰랐어요." 장례식이 끝나고 며칠 뒤, 강 씨의 아버지가 가라앉은 목소리로 전화를 걸어왔다. 이제 상황은 완전히 달라졌다. 단순한 자살이 아니었다. 취재에 뛰어들었다.

검 열

"이런 식으로 조사받기는 처음입니다"

○○ 강 씨의 아버지와 나는 강 씨의 휴대전화와 이메일 등을 뒤지면서 그의 흔적을 좇았다. 평소에는 거의 대화가 없던 부자지간이었다. 아버지는 키가 작고 소극적인 아들이 늘 못마땅했고, 어쩔 수 없이 자신이 나서서 아들의 인생을 만들어줘야 한다고 생각했다. 고등학교를 졸업하자마자 강 씨를 중국 상하이로 유학을 보낸 것도 아버지의 결정이었다. 아들은 말없이 따랐다.

○○ 중국에서 대학을 졸업하고 한국에 들어오게 했다. 어디 사립학교에 교사 자리라도 하나 알아봐줄 요량이었다. 그때까지 군대나 다녀오라고 했다. 아들은 집에서 가까운 법원의 공익근무요원이 되어 부모의 보호 아래 군생활을 할 수 있게 됐다. 그런데 이제 그 계획이 거의 다 완성될 무렵인데, 아들은 주검으로 돌아와 아비의 속을 새카맣게 만들었다.

○○ 아내와 이야기하는 과정에서 요 며칠 아들의 행동이 이상했다는 사실을 강 씨 아버지는 비로소 알게 됐다. "애 엄마가 말하길, 죽기 나흘 전인 11일 저녁에 아이가 어떤 전화를 받고는 매우 놀라 방으로 들어가 통화를 했다고 해요"라고 말하며 한숨을 쉬었다. 이틀 뒤인 13일 강 씨는 법원에 휴가를 내고도 집에는 "출근한다"며 외출한 것으로 확인됐다. 강 씨의 아버지는 "잠이 많던 아이가 요 근래 잠을 못 잤다"며 "특히 사고 당일 아침에는 애 엄마가 깨우러 방에 들어가보니 아이가 우두커니 앉아 있어서 깜짝 놀랐다"고 말했다.

○○ 추적 끝에 강 씨가 사망 이틀 전, 인터넷에 올린 '4대강 사업 비판 글'과 관련해 경찰의 조사를 받았다는 사실이 드러났다. 강 씨의 통화내역을 확인하던 서초경찰서는 11일 저녁 강 씨가 화들짝 놀라 통화한 대상도, 법원에 휴가를 낸 강 씨가 찾아간 곳도 서울 수서경찰서 사이버수사팀이란 사실을

확인했다. 당시 강 씨는 경찰에서 한 시간가량 조사를 받는 내내 "이런 식으로 경찰에서 조사받기는 처음"이라며 당혹스러워했던 것으로 알려졌다.

○○수서경찰서를 찾아가 강 씨가 조사를 받고 갔는지를 확인했다. 사이버수사팀은 강 씨를 기억하고 있었다. 매우 위축된 모습으로 조용조용 조사에 응하고 돌아갔다고 했다. 경찰은 그가 법원 공익근무요원이라는 사실도 파악하고 있었다. "조사받고 이틀 뒤 그가 죽었다"고 알려주니 경찰들도 흠칫 놀랐다.

고발당한 온라인 열혈 청년

○○지난 8월 강 씨가 한나라당(지금의 새누리당) 홈페이지에 올린 '4대강 사업 반대' 게시물이 문제였다. 강 씨는 한나라당 홈페이지 '네티즌 발언대' 코너에 "4대강 사업은 건설사들 퍼주기를 통해 권력 연장을 하려고 아무 곳이나 파헤치는 이명박 사장의 사업"이라며 "4대강 사업이 끝난 후에는 여름 장마철 피해 규모가 더 늘어나거나 부실공사로 인해 후유증이 나타날 수 있다"는 내용의 글을 올렸다.

○○이에 대해 신아무개 씨가 강 씨의 글을 비난하고 나섰다. 예순여덟의 신 씨는 2010년 1월부터 10월까지만 해도 64개의 게시물을 한나라당 '네티즌 발언대'에 올려온 인물이다. 그가 올린 게시물은 대부분 "4대강 사업으로 한나라당의 정권 재창출 가능성이 더 커질 것"이라는 등의 정부 정책을 찬양하는 글이거나 "현 정부를 불신한다는 ○○○에게"와 같이 이명박 정부를 비판하는 글을 올린 이들에 대한 직접적인 공격성 글이다.

○○강 씨의 글을 신 씨가 비난하고, 그 글을 다시 강 씨가 반박하는 식으로 몇 번의 글이 오간 뒤, 신 씨는 강 씨를 모욕죄 등의 혐의로 경찰에 고발했다. 신 씨는 한나라당 홈페이지에서 정부를 비판하는 누리꾼에게 말싸움을 걸고 이후 막말이 나오면 고발을 하는 방식의 활동에 '전문가' 수준이었다. 상대의 글을 캡처해 경찰에 보여주며 "이 정도면 모욕죄가 되겠냐"고 사전 검열까지 할 정도였다.

○○최초 고발을 접수한 분당경찰서 사이버수사팀 형사는 "신 씨는 우리 경찰서에서 유명한 인물"이라며 "최근까지 그가 인터넷 상의 명예훼손 및 모욕죄로 고발한 사람만 세 명"이라고 밝혔다. 신 씨가 고발한 이들은 모두 정당 홈페이지에 정부 비판 글을 올린 누리꾼들이었다. 경찰은 "누군가가 정부 비판 글을 올리면 신 씨가 거기에 끈질기게 반론을 제기해, 결국 해당 누리꾼이 못 참고 욕을 하면 그것을 증거로 고발한다"며 "상대를 약 올리면서도 신 씨 자신은 절대 욕설을 하지 않아 상대편이 억울해도 맞고소를 할 수가 없다"고 말했다.

○○유족에게 강 씨의 포털사이트 아이디와 비밀번호를 건네받아 접속해봤다. 현실 세계에서 조금은 소극적이었다는 왜소한 강 씨는 그곳에 없었다. 집에 들어오면 함께 거실에 있을 때도 아버지와 말 한마디 하지 않았다는 과묵한 강 씨도 보이지 않았다. 그곳에는 각종 정치 사안에 제 목소리를 뚜렷하게 내는 열혈 청년의 모습만이 있었다.

○○강 씨는 정당 홈페이지뿐만 아니라 포털사이트 다음의 아고라 등 각종 토론 게시판에서도 활발한 활동을 해왔다. 중국 유학 시절부터 공익근무요원으로 군 복무를 하는 동안까지 그는 하루가 멀다 하고 온라인 공간에 글을

올렸다. 그는 위장전입 공직자 반대, 4대강 사업 반대, 이명박 정부의 소위 '친서민 정책' 비판 등의 내용을 담은 글을 다음 아고라에 열성적으로 올린 '아고리안'이었다. 그가 아고라에 올린 게시물수는 2008년부터 2010년까지 2년 동안에만 1,303개에 달한다.

○○ 온라인에서 강 씨의 글쓰기 활동이 멈춘 시점은 9월 5일이다. 그날 강 씨는 아고라에 마지막 글을 남겼고, 이후에는 단 한 줄의 글도 남기지 않았다. 8월 17일 신 씨가 분당경찰서에 강 씨를 모욕죄 혐의로 고발한 사실을 이 시기쯤 알게 된 것으로 보인다. 사건은 분당경찰서에서 강 씨의 거주지 관할인 수서경찰서로 이첩됐고, 10월 8일 강 씨는 수서경찰서로 나오라는 전화를 받게 된다. 몇 차례 전화를 받은 뒤 10월 13일에 강 씨는 법원에 휴가를 내고 경찰 조사를 받았다. 그리고 이틀 동안 잠을 이루지 못하다가 15일 사라졌고, 16일 주검으로 발견됐다.

○○ 그토록 활발하게 온라인 글쓰기 활동을 해왔던 그는 경찰의 전화를 받은 뒤부터 그 어떤 공간에도 글을 쓰지 못했다. 온라인 세계에서까지 입이 막힌 강 씨는 유서 한 장, 문자메시지 하나 남기지 못하고 죽음을 맞이했다.

사이버 팬옵티콘의 공포

○○ 이는 강 씨 혼자만의 비극이 아니었다. 2010년 강 씨처럼 인터넷에 글을 올렸다가 경찰 조사를 받게 되어 정신과치료를 받을 정도로 괴로움을 호소하는 이들이 한둘이 아니었다. 7개월 동안 우울증으로 정신과치료를 받고 있다는 노현식(가명, 50) 씨의 귓가엔 아직도 "혜화경찰서로 나오시"라고 말하

던 전화 목소리가 윙윙댄다. 지난 3월 그는 인터넷에서 한 누리꾼이 올려놓은 '서울시장 선호도 조사 결과'를 자신의 블로그로 퍼왔다가 경찰의 조사를 받았다. 경찰은 누군가 그를 선거법 위반 혐의로 고발했다고 이야기했다. 조사 뒤, 머리카락이 빠지고 술 없이는 잘 수 없는 밤이 지속됐다.

○○ 쉰둘의 고창규 씨는 2010년 5월 동영상 사이트인 유튜브에 올라온 '천안함 패러디' 영상을 퍼다가 '다음 아고라'에 올렸다는 이유로 경찰의 전화를 받았다. 그는 "전화를 받고 1주일간 심리적 압박이 너무 커서 죽어버릴까 싶을 정도로 괴로웠다"며 "조사를 받은 뒤에는 악몽에 시달렸다"고 말했다.

○○ 공권력의 감시 속에 온라인 상의 '저강도 공포'는 갈수록 짙어지고 있다. 경찰의 조사를 받은 뒤 검찰에 정보통신망 명예훼손죄로 기소된 이는 2005년 601명에서 2009년 1,033명으로 늘었다. 모욕죄의 경우 2005년 802명에서 2009년 5,043명으로 여섯 배 이상 급증했다. 검찰은 2010년 상반기에만 3만 7,407건의 '통신사실 확인자료 요청'을 각종 인터넷 사이트에 발송했다.

○○ 이 같은 사회 분위기에 많은 이들이 우려를 나타냈다. 박진 다산인권센터 상임활동가는 "이명박 정권 들어 누리꾼들은 상당히 오랜 기간 동안 끊임없는 감시와 통제에 노출되어 왔다"며 "이는 당장은 공포감으로 나타나고 장기적으로는 내면에 팬옵티콘이 설치된 것처럼 무의식적으로 자기 검열을 하게 돼 스트레스에 시달리게 된다"고 말했다. '민주사회를 위한 변호사모임'의 송상교 변호사는 "보수 단체들까지 나서서 정부 비판 글을 올리는 누리꾼에 대해 명예훼손이나 모욕죄 고발을 남발하고 있는데, 여기에 경찰까지 적극적으로 조사를 벌이니 누리꾼들은 강한 압박을 느낄 수밖에 없다"고 지적했다.

○○ 죽기 직전, 강 씨는 어떤 마음이었을까. 자존심 강한 아버지가 원하는 대

로 살아온 인생, 누구에게도 속내를 털어놓지 못하는 성격, 홀로 떠나야 했던 중국 유학과 이어진 군대생활. 그에게 '온라인 논객'으로 살아가는 일은 답답한 일상에 날개를 달아주는 의미였는지도 모른다. 경찰 조사로 순식간에 날개를 꺾이고 급속하게 위축된 채로 유서 한 장 남기지 못하고 죽은 그의 마음이 어땠을지, 상상만으로도 가슴이 답답해졌다.

양심적 병역거부한 예비 법조인

"제가 담대할 수 있게 해주십시오"

○○ 2011년 2월 10일 저녁, 백종건 씨는 바닷가에 우두커니 서 있었다. 끝없이 넘실대는 바다, 멀고먼 수평선 너머로 해가 지고 있었다. 파도를 따라 알 수 없는 불안감이 밀려가고 이내 굳은 결의가 밀려왔다. 이날은 스물여섯 살인 그의 군 입대일이었다. 그는 훈련소 입소를 거부했다. 한국 사회에서 군대를 거부하는 일은 '감옥행'을 의미한다. 종건 씨는 일몰을 바라보며 조용히 기도했다. "제가 담대할 수 있게 해주십시오."

○○ 그래도 한 달 전에 비하면 머릿속이 한결 가뿐해진 느낌이었다. 부산에서 대학을 다니다가 2008년 사법고시에 합격한 뒤 2011년 2월 사법연수원을 수료하기까지, 종건 씨는 하루에도 몇 번씩 좌절감과 무력감에 시달리곤 했다. 사법고시에 합격해 사법연수원을 우수한 성적으로 수료한다 해도 '양

심적 병역거부'를 선택하면 병역법 위반으로 1년 6월의 징역형이 선고된다. 1년 6개월은 징역으로 군 면제를 받게 되는 최소 단위다. 1년 6월의 징역형을 살고 나면 판검사로 임용될 수 없으며, 변호사 등록도 출소 뒤 5년간 제한된다. 일반 기업 취직도 언감생심焉敢生心이다. 그런데도 그는 우리나라 최초의 사법연수원 출신 '양심적 병역거부자'가 됐다.

○○ 그를 만났다. 입대일에서 이틀이 지난 2011년 2월 12일 오후 7시, 경기도 고양시 일산동구에 위치한 '왕국회관'에서였다. '집회'가 열리는 날이었다. 왕국회관은 '여호와의 증인'의 종교 시설 이름이고 집회는 흔히 기독교에서 말하는 예배 시간을 지칭한다. 여호와의 증인 신도들은 일주일에 두 번, 왕국회관에 모여 집회를 연다. 모두들 정장을 차려입고 단정한 모습으로 집회에 참석한다. 성서 연구 방식으로 진행된 집회에서는 신도 모두가 자유롭게 손을 들고 성서의 의미에 대해 자신의 해석을 내놓는다. 토론 수업 같은 모습이다.

○○ 집회가 시작되기 전, 인터뷰 기사에 들어갈 사진부터 찍자고 하니 "오늘 머리 손질을 하지 못해 외모가 엉망"이라며 쑥스러워한다. 예전에 찍어둔 잘 나온 사진을 한 장 보내주면 안 되겠냐고 묻는다. 영락없는 20대 중반 젊은이의 모습이다. 사진을 찍고, 찍은 사진을 확인하며 '잘 나왔네, 못 나왔네' 이야기를 나누다 보니, 그를 만나기 전 그가 유별나거나 특별한 사람일 것이라는 편견 따윈 산산이 부서졌다. 집회가 시작됐다. 옆자리에 앉았다.

○○ "저기 저 키 큰 형은 현재 재판이 진행 중이고요. 저기 저 어머님은 첫째 아들이 얼마 전에 출소했고, 둘째 아들은 교도소에 수감된 상태죠. 저기 저 친구도 출소한 지 얼마 안 됐어요."

○○ 옆자리에 앉은 기자에게 종건 씨는 담담한 표정으로 앞자리에 앉은 사람들을 소개했다. 손가락이 가리키는 쪽을 바라봤다. 모두가 말끔하게 정장을 차려입고 온화한 표정을 짓고 있는 사람들이었다. 지나치며 길에서 마주쳤을 법한 평범한 젊은 남성, 중년 여성들이었다. 그런 그들을 설명하는데 감옥, 수감, 출소와 같은 단어가 일상용어처럼 튀어나왔다. '감옥'은 이 공간 안에 있는 사람들에게는 놀라우리만치 친숙한 용어다. "지난해 제가 결혼식 사회를 봐준 친구는 결혼한 지 2주 만에 교도소에 수감됐죠." 종건 씨는 조용히 한숨을 내쉬었다.

○○ 이날 종건 씨는 누구보다 열심히 집회에 참여했다. 아이패드 전자책으로 영문 성서를 읽어가며 매번 성실히 손을 들고 일어나 성서에 대한 해석을 발표했다. 금테 안경, 하얀 피부, 단정한 옷차림과 몸가짐이 단박에 그가 얼마나 모범생인지 느낄 수 있게 해주었다. 술, 담배도 입에 대지 않는다.

○○ 집회가 끝나자 많은 이들이 종건 씨에게 와서 인사를 건넨다. 사법연수원 수료 축하와 군 입대 거부를 격려하는 눈빛이 교차했다. 그곳에서는 모두가 같은 처지였다. 말하지 않아도 서로의 마음을 알 수 있었다.

삼대에 걸친 여호와의 증인

○○ 종건 씨가 군 입대를 거부하는 것은 '종교적 양심'에 따르기 위함이다. 그가 믿는 여호와의 증인은 "칼을 잡는 자는 모두 칼로 망한다"는 예수의 가르침을 받들어 총, 칼 등 무기를 들고 하는 군사훈련을 거부한다. 정치적으로 '중립'을 지키는 것을 중요시해 선거에도 참여하지 않고, 정치적인 집회도

열지 않는다. 하지만 그 외에 납세 등 국민의 의무는 최선을 다해 따른다.

○○19세기 말 미국에서 '여호와의 증인'이 시작된 이래 수많은 이들이 병역 거부를 이유로 감옥에 끌려갔다. 2차 세계대전이 벌어지던 광기의 시절, 독일 나치당은 여호와의 증인 자체를 법률로 금지했다. 종전 때까지 독일에서만 2,500~5,000명에 달하는 여호와의 증인 신자가 감옥에서 숨진 것으로 추정된다. 한국에서도 일제강점기에 군 입대를 거부한 여호와의 증인 신도들이 감옥에 끌려갔고 목숨을 잃었다.

○○그 역사는 끝나지 않았다. 종건 씨가 입대를 거부한 시점인 2011년 2월 현재, 양심적 병역거부로 1년 6월형을 선고받고 교도소에서 복역 중인 사람은 955명에 달한다. 이는 양심적 병역거부자가 형사처벌을 받게 된 이래 가장 많은 숫자다. 한국 땅에서만 지난 반세기 동안 1만 5,000명이 넘는 이들이 총 들기를 거부하고 감옥에 갔다.

○○종건 씨도 보았다. 그의 아버지 역시 병역거부로 감옥에 가야 했다. 안과 의사였던 아버지는 군의관 근무를 위해 8주간의 군사훈련만 받으면 됐지만, 그조차도 거부했다. 1988년 당시 네 살이었던 종건 씨는 대구교도소 면회실에서 아버지를 만났다. 이제는 그가 감옥 저편에서 아버지를 맞이할 차례다. 얼마 전 아버지는 이제 자신처럼 감옥에 가게 된 아들에게 "네가 어떤 결정을 내리든지 무조건 지지하겠다"고 말해주었다. 감옥에 다녀온 뒤 무료 진료를 활발히 하고 있는 아버지를 종건 씨는 깊이 존경한다.

○○종건 씨 가족이 여호와의 증인 신도가 된 것은 할아버지 때부터였다. 검사였던 할아버지는 병역의 의무를 이행하고 성인이 된 뒤에 여호와의 증인 신도가 됐다. 때문에 할아버지는 감옥에 가지 않았다. 종건 씨는 할아버지를

칼을 잡은 자는
모두 칼로 망한다.

보며 법조인의 꿈을 키워왔다. 그의 이메일 아이디는 'lawyerbaek(백 변호사)'이다. 고등학교를 졸업하고 법대 진학을 결정하며 만든 계정이다. 종건 씨는 늘 올곧은 성품의 할아버지를 존경했다. 대학에 간다면 법대에 진학해 사법고시를 보겠다, 할아버지처럼 검사가 될 수도 있겠다고 생각했다.

○○ 감옥에 간 아버지를 본 이후, 종건 씨는 끊임없이 꿈에 대해 고민해왔다. 중학교를 나오지 않으면 군 면제가 된다는 말에 중학교 3학년 때는 자퇴를 생각하기도 했다. 판사, 검사가 될 수 없으니 그냥 사법고시 준비를 포기하려고도 했다. 연수원에서 매 학기 시험을 준비할 때마다 '성적을 잘 받아도 판검사는 물론 변호사로 살아가기도 쉽지 않다'는 생각에 슬럼프가 반복됐다. 해서 뭐하나, 때려치우자, 유혹도 많았다.

"내가 널 어떻게 기소하냐"

○○ 한때 희망이 보이기도 했다. 양심적 병역거부의 대책인 대체복무제 도입 문제는 2000년대 들어 활발히 논의됐다. 2002년 서울남부지법 박시환 판사가 병역법의 양심적 병역거부 처벌조항에 대해 위헌법률심판을 청구했다. 이에 대해 2004년 헌법재판소는 '7(합헌) 대 2(위헌)' 의견으로 합헌 결정을 내리면서 국회에 대체복무제 도입을 검토하라고 권고했다. 2005년 국가인권위원회와 유엔인권위원회 역시 정부에 대체복무제 도입을 권고했다.

○○ 2007년 9월 국방부는 병역거부자에 대한 대체복무를 허용하고 2009년 1월부터 이 제도를 시행한다고 발표했다. 그러나 2008년 이명박 정부가 출범하면서 모든 논의는 원점으로 돌아갔다. 전면 시행을 한 달 앞둔 2008년

12월 24일 국방부가 양심적 병역거부자에 대한 대체복무를 '전면 유보'한다고 발표했다. 이 제도의 도입을 권하는 유엔과 국제사면위원회에 대해서도 이명박 정부는 모르쇠로 일관하고 있다.

○○ 술수를 써보라는 권유도 없지 않았다. 사법연수원을 수료한 종건 씨의 경우, 군대는 군법무관으로 근무하면 된다. 그가 병역거부의 뜻을 사법연수원에서 만난 교수, 법조계 선배들에게 털어놓자 걱정 어린 조언이 쏟아졌다. "법무관은 4주 군사훈련만 거치면 되니, 일단 입대한 뒤 4주 동안만 사격을 빼달라고 부탁해보라"는 권유가 가장 많았다. 끝내 신념을 굽히지 않는 종건 씨를 보며 "너의 신념에 동의할 수 없지만 경의를 표한다"고 감탄한 이들도 있었다. 일부 선배와 동기들은 "우리가 너를 위해 변호인단을 구성해주겠다"고 말했고, 한 검사 선배는 "내가 널 어떻게 기소하냐"며 한숨지었다.

○○ 감옥을 생각하면 두렵다. 사법연수원 시절 동기들과 교도소 견학을 갔다. 범법자를 감옥에 넣거나, 누군가 억울하게 감옥에 가게 될 일을 막아주는 법조인이 될 사법연수원생들이 각오를 다지는 자리였다. 그런데 저 차가운 회색 벽, 무시무시한 창살 너머에 곧 있으면 내가 갇히게 될 것이라니, 종건 씨는 두려움에 몸을 떨었다. '곧 감옥에 갈 사람'이라는 생각은 사사건건 그의 행동에 제약을 줬다. 여자친구를 사귀는 일조차 상대에게 미안한 일이었다.

신념에 따라 총을 들지 않는다

○○ 자신과 달리 활기차게 미래를 준비하는 사법연수원 동기들을 보는 일은 괴로웠다. 사법연수원 수료식을 마친 2월, 40기 동기들은 판사, 검사, 변호

사, 군법무관 등으로 각자의 길을 갔다. 종건 씨는 자신의 재판을 준비하기 시작했다. 사법연수원을 수료하고 징역형이 확정되기 전까지는 변호사로 등록을 하고 활동할 수가 있다. 물론 그 기간은 매우 짧을 것이다. 그래도 그는 서둘러 변호사 등록을 했다. 선배의 사무실에 나가며 무료 변론 등에 나섰다. 할 수 있는 일도, 남은 시간도 많지 않으니 마음이 더 바빴다.

○○자신을 '이상한 사람'으로 취급할 세상에 할 말이 많다. "저는 광신도도, 병역기피자도 아닌 신념에 따라 총을 들지 않겠다고 다짐한 사람입니다. 총을 드는 것 외에 어떤 종류의 대체복무라도 임하고 싶지만, 현재로서는 방법이 없습니다." 총만 들지 않는다면 훨씬 더 길고 어려운 대체복무라도 하겠다는 이 모범생을 한국 사회는 받아들이지 못한다. 양심적 병역거부에 대한 기사가 뜰 때마다 득달같이 달려들어 악플을 퍼붓는 이들이 너무나도 많은 것이 현실이다. "니들이 양심적으로 병역을 거부하면, 우리는 비양심적이어서 군 복무 마친 줄 아냐"는 논리는 여전히 힘이 세다.

○○꿈을 물었다. 꿈, 그에게는 어려운 이야기다. 앞으로 재판 과정이 얼마나 길어질지, 복역을 마치면 몇 살이 될지 알 수 없어 인생 계획을 세우기는 어렵다. "언제가 될지 모르지만, 앞으로 소수자의 인권을 위해 활동하는 변호사로 살아가고 싶습니다." 차분한 목소리다.

○○2011년 6월 2일, 서울중앙지법은 종건 씨에게 병역법 위반으로 징역 1년 6월형을 선고했다. 그가 낸 위헌법률심판 제청은 기각됐다.

쥐식빵 사건

밤식빵 안의 검은 물체

○○2010년 크리스마스를 3일 앞둔 날 새벽 1시께 한 남자가 경기도 평택의 피시방에 들어섰다. 추위 때문인지 어깨를 웅크리고는 구석 자리에 가서 앉았다. 그는 '갤러리'라고 하는 수많은 게시판에 온갖 엽기발랄한 콘텐츠가 올라오는 인터넷 사이트 '디시인사이드'에 접속했다. 1시 45분, 그는 '가르마'라는 아이디로 '과자·빵 갤러리'에 사진 다섯 장을 포함한 게시물을 하나 올렸다. 글의 제목은 "쥐, 쥐, 쥐 고발하면 벌금이 얼마인가요?"였다.

○○사진 속에는 반으로 갈라진 밤식빵 안에 죽은 쥐로 보이는 검은 물체가 들어 있는 모습이 적나라하게 찍혀 있었다. 게다가 밤식빵 옆으로 경기도 평택 지역의 빵집 '파리바게뜨' 영수증이 놓여 있었다. 게시물에는 "파리바게뜨에서 밤식빵을 샀는데 쥐가 들어 있었다"며 "집에서 애가 빵을 먹으려다가

토하고 굴러다니고. 그동안 이런 음식이 나오리라고는 생각하지 않았으나 위생상태를 생각하면 정말 끔찍하다"고 쓰여 있었다.

○○ 새벽에 올라온 사진 다섯 장에 인터넷 세상은 발칵 뒤집혔다. 디시인사이드에서 그 사진을 본 네티즌들은 블로그로, 카페로, 또다른 게시판으로 게시물을 퍼날랐다. 네티즌들은 이를 '쥐식빵'이라 명명했다. 각종 포털사이트에는 이 단어가 인기검색어로 올랐다. 검색어 귀신인 인터넷 매체들은 순식간에 '쥐식빵 논란'을 기사화했다. 아침이 밝아오고 파리바게뜨를 소유한 SPC그룹에는 비상이 걸렸다. 디시인사이드에 요청해 최초 게시물을 블라인드 처리했지만 소용이 없었다.

○○ 게시물의 파장이 커지고 SPC그룹의 고발로 경찰 수사가 시작되자, 궁지에 몰린 가르마는 대담하게 행동했다. 직접 자신에 대해 쓴 기사를 검색해 그 중 자신의 입장을 가장 잘 전달할 수 있을 거라 판단한 한 인터넷 매체에 전화를 걸었다. 가르마의 선택을 받은 〈경제투데이〉라는 매체는 그를 독점 인터뷰해 기사와 동영상을 인터넷에 올렸다. "쥐식빵은 사실"이라는 그의 주장이 여과없이 대중에게 공개됐다. 핫이슈 인물인 '가르마'가 잘 알려지지 않은 인터넷 언론사를 선택해 인터뷰를 하니 수사를 담당한 수서경찰서 경찰들도, 그 경찰서를 마크하고 있던 기자들도 당황해 우왕좌왕했다.

전쟁이다, 빵 전쟁이다

○○ 쥐가 들어 있는 빵 사진을 상호가 드러나는 영수증과 함께 인터넷 공간에 올리고 언론플레이까지 한 그의 행동은 결국 며칠 만에 자작극으로 판명

이 났다. 가르마는 쥐식빵이 나왔다는 경기도 평택의 해당 파리바게뜨 매장 인근에서 부인 명의로 빵집 '뚜레쥬르'를 운영하고 있는 35세 남성이었다. 쥐식빵 사건은 12월 22일부터 31일, 소위 '빵집 대목 기간'에 한 빵집 주인이 벌인 어설프고도 슬픈 범죄였다.

○○가르마, 김 씨는 제빵사였다. 동네 빵집에 취직해 열심히 일을 하며 결혼도 하고 아들도 낳았다. 하지만 제빵사 월급은 좀처럼 오르지 않았다. "직접 빵집을 운영하고 싶다"는 것은 그의 오랜 꿈이었다. 2008년 11월부터 경기도 평택에 있는 뚜레쥬르에서 제빵기사로 일했다. 그러던 중 주인이 가게를 넘기려고 한다는 사실을 알게 됐다. 2010년 10월, 범행 두 달 전 그는 권리금 8500만 원, 보증금 5000만 원, 월세 150만 원의 조건으로 매장을 넘겨받았다. 이 중 1억 원이 고스란히 빚이었다.

○○부인이 사장을 맡고, 그는 빵 굽는 일을 맡았다. 이제 직접 빵을 만드는 동네 빵집은 사라지고 파리바게뜨, 뚜레쥬르 등 대형 빵집 체인이 동네 곳곳을 채운 시대에 제빵기사가 솜씨를 발휘할 만한 일은 그리 많지 않다. 그래도 부부는 열심히 일했다. 초등학교에 다니는 아들을 봐서라도 이번에 꼭 성공해야 했다.

○○그런데 12월에 접어들면서 뚜레쥬르 본사로부터 매장을 최신 버전으로 리모델링하라는 지침이 떨어졌다. 본사가 리모델링을 요구할 경우, 가맹점주는 그걸 거부할 힘이 없다. 12월 15일 멀쩡한 매장을 뒤엎고 인테리어를 바꾸는 리모델링 공사가 시작됐다. 1억 1000만 원이 들었다. 아직 가게를 인수하며 진 1억 원의 빚도 갚지 못했는데 리모델링 비용은 엄청난 부담이 됐다. 매장을 인수받고 영업을 한 날짜는 채 두 달도 되지 않았으니, 벌어놓은 돈도 없었다.

빠리와 뚜레

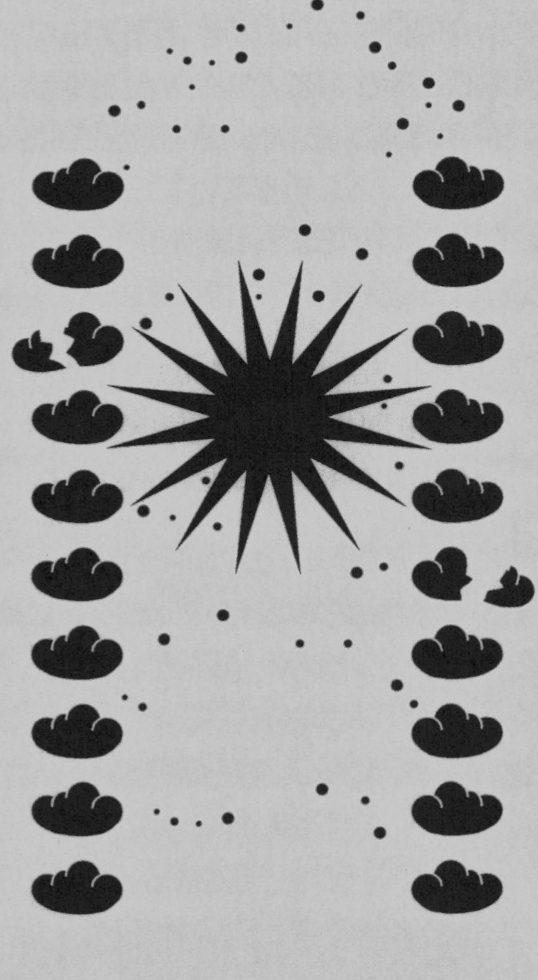

○○12월 17일 공사를 끝내고 매장을 새로 단장해 열었지만 불안했다. 김 씨가 운영하는 뚜레쥬르에서 100미터 거리에 파리바게뜨가 있다. 500미터 저쪽으로도 또 파리바게뜨가 문을 열었다. 전쟁이다, 빵 전쟁이다.

○○그 와중에 김 씨네 빵집의 존폐를 결정지을 법한 날이 다가오고 있었다. 12월 25일, 크리스마스다. 그날 케이크를 얼마나 팔 수 있느냐에 따라 승패가 갈릴 터다. 그해에 빚을 얼마나 탕감할 수 있을지 결정이 날 터다. 성탄절뿐이랴. 연말에는 사람들이 흥청망청 돈을 쓴다. 12월 31일이 끝날 때까지 케이크는 날개 돋친 듯 팔린다. 이 지역 사람들이 파리바게뜨를 외면하고 뚜레쥬르만 찾아준다면! 김 씨는 마음이 바빴다.

"모두 나의 자작극입니다"

○○그때부터 김 씨는 새단장을 마친 가게를 비우고 동네 골목을 어슬렁거리기 시작했다. 끈끈이를 사다가 지저분한 골목 구석에 두었다. 얼마 뒤에 가보니 끈끈이에 붙어 쥐가 죽어 있었다. 죽은 쥐를 가게로 가져가 냉장고에 넣어 두었다. 22일 저녁에 김 씨는 초등학생 아들에게 1만 원을 건네며 "저 앞에 있는 파리바게뜨에 가서 밤식빵을 하나 사오고 영수증을 꼭 챙겨오라"고 했다. 빵집에 조용히 들어가 밤식빵 하나를 집어든 뒤 1만 원짜리를 내고 잔돈과 영수증을 받아가는 어린 아들의 모습은 파리바게뜨 매장 안 CCTV에 그대로 찍혔다.

○○아들에게 밤식빵을 건네받은 김 씨는 22일 자정 무렵, 자기 매장 주방에 들어가 냉장고에서 쥐를 꺼내 밤식빵 안에 넣고 밀가루 반죽을 추가한 뒤 빵

을 구웠다. 쥐를 품은 채로 다시 구워진 밤식빵의 반을 가르니 영락없이 식빵 안에 쥐가 들어간 모양새다. 갓 구워낸 '쥐식빵'의 배를 갈라 사진 촬영을 하고 매장 불을 끈 뒤 피시방으로 갔다. 꼬리를 밟히지 않기 위해 한 40대 남성의 아이디를 도용해 디시인사이드에 로그인한 뒤 게시물을 올렸다.

○○그저 그가 사는 지역의 사람들이 이 게시물을 보고 파리바게뜨에 대해 부정적인 인식을 갖게 되는 정도를 기대하고 저지른 일이었다고 김 씨는 경찰에서 진술했다. 하지만 그저 자신의 가게로 손님이 몰리길 바라는 마음이었다고 하기에는 너무도 엽기적인 행동이었다. 결국 사건이 일파만파로 커지면서 그는 엄청난 스트레스를 받았다. 자살을 시도하려고 할 정도로 괴로움에 몸부림치다가 범행 3일 뒤인 성탄절날 경찰에 자진 출두했다. 하지만 자수는 아니었다. 이날은 범행을 부인만 하다가 집에 돌아왔다.

○○사흘 뒤 국과수가 밤식빵을 감정해 "밤식빵의 원재료와 죽은 쥐 주변의 밀가루 반죽이 다르다"는 사실과 "다른 밀가루 성분의 재료 비율이 뚜레쥬르의 식빵 반죽과 동일하다"는 사실을 밝혀냈다. 파리바게뜨 식빵의 배를 갈라 뚜레쥬르 반죽을 섞어넣은 것이 들통난 것이다. 경찰도 CCTV 분석 등을 통해 김 씨가 거짓말을 한 정황을 속속 찾아냈다. 벼랑 끝에서 김 씨는 파리바게뜨가 속한 SPC그룹에 연락을 취해 "돈을 주면 없던 일로 하겠다"는 통하지 않을 제안을 하기도 했다.

○○결국 그에게 남은 선택은 없었다. 자수 직전, 김 씨는 이번에도 언론 인터뷰를 선택했다. 그에게 지속적으로 접촉을 시도했던 KBS의 한 저녁 교양 프로그램과의 인터뷰에 나섰다. "모두 나의 자작극"이라는 고백이었다. 그의 인터뷰는 그 프로그램이 아닌 〈9시 뉴스〉에 먼저 나갔다.

○○12월 31일, 그는 다시 경찰에 출두했다. 이날 그는 자수를 했다. 이듬해 대법원까지 간 재판 끝에 그는 허위 글과 사진 등을 올려 영업을 방해하고 명예를 훼손한 혐의로 징역 1년 2월형을 선고받았다. 성탄절과 연말 대목을 노렸다가 성탄절과 12월 31일에 경찰 조사를 받고, 결국 구속된 김 씨. 부인은 몸져누웠고 빵집은 문을 닫았다.

궁지에 몰린 자영업자의 초상

○○달콤한 빵을 둘러싼 씁쓸하고 살벌한 '빵집 전쟁'은 날로 치열해지고 있다. 전쟁은 치열하지만 승자는 보이지 않는다. 동네 빵집을 잡아먹은 대형 체인점 본사는 돈을 벌지만, 빵집 주인에서 가맹점주로 전락한 이들은 갈수록 가난해지고 있다. 가맹점주, 즉 자영업자들이 대형 체인점 본사를 위해 치열한 대리전을 치르고 있는 형국이다.

○○골목 빵집부터 경쟁업체 매장까지 겨냥한 빵집 전쟁의 두 주인공은 파리바게뜨와 뚜레쥬르다. 2006년에 전국 매장이 1,456개였던 파리바게뜨는 2010년 2,700여 개로 갑절 가까이 늘어났다. 후발주자인 뚜레쥬르도 최근 해마다 100여 개씩 매장을 늘려, 현재는 전국에 1,400여 곳의 매장을 운영하고 있다.

○○2010년 8월에는 서울 강남의 한 뚜레쥬르 매장이 파리바게뜨로 둔갑하는 일도 있었다. 지난해 1월 5일 김아무개 씨 부부는 뚜레쥬르와 3년간 가맹계약을 맺었지만 6개월 만에 계약을 해지하고 같은 자리에 파리바게뜨를 개업했다. 뚜레쥬르 쪽이 법원에 영업금지 가처분 신청을 냈지만, 법원은 "영

업정지가 분쟁 해결 수단은 아니"라며 기각했다.

○○ 치열한 매장 확장 경쟁 탓에 인접한 곳에 같은 브랜드의 가게가 들어서는 일도 흔해졌다. 한 가맹점주는 "인근에 같은 매장이 들어서서 본사에 항의를 해봤지만 소용이 없었다"며 "매장을 열 때 들어간 초기 비용이 너무 많아 이제 와서 다른 선택을 하기도 어렵다"고 하소연했다.

○○ 반경 500미터 안에서 파리바게뜨 두 곳, 뚜레쥬르 한 곳이 경쟁을 벌이다가 일어난 '쥐식빵 사건'은 엽기적이지만 언제 다시 또 일어날지도 모를 일이다. 대기업이 골목 상권까지 침범하면서 궁지에 몰린 자영업자들은 나락으로 떨어지고 있다. 제빵사였던 김 씨는 다시 빵을 만들 수 있을까? 빚까지 내가며 대형 체인 빵집을 골목 곳곳에 연 사장님들은 행복해질 수 있을까? 갈수록 빵집은 세련되어지는데 현실은 누추하기만 하다.

부모에게 살해된 세 살배기

쓰레기더미 속의 아이 시체

○○2011년 1월 31일 영하 12도의 칼바람이 불던 날. 쉰일곱의 왕아무개 씨가 서울 광진구 화양동의 짓다 만 건물 쓰레기더미를 그냥 종종걸음으로 지나쳐버렸다면, 사건은 훨씬 더 오래 은폐됐을지 모른다. 강원도 횡성에 사는 그는 서울에 볼일을 보러 왔다가 집으로 돌아가는 길에 우연히 쓰레기더미 옆을 지나가게 됐다.

○○쓰레기더미 속 합판 한 장이 그의 눈에 들어왔다. 마침 합판이 필요하던 참이었다. 합판을 들어올리자 끝 부분에 오물이 조금 묻어 있었다. 이걸 들고 가려면 대충이라도 오물을 닦아내야 할 판이었다. 닦아낼 만한 도구를 찾아 주변을 두리번거렸다. 발 옆에 있는 비닐봉지에서 분홍색 줄무늬 수건이 비죽이 나와 있었다. 합판을 닦으려고 수건을 잡아빼는 순간 비닐봉지가 열리

면서 내용물이 드러났다. 꽁꽁 얼어붙은 남자아이의 시체였다.

○○ 갓난쟁이가 아니었다. 비닐봉지를 풀어보니 껑충하게 제법 키가 큰 사내아이였다. 네댓 살은 되어 보이는 사내아이의 시체는 웅크린 채 비닐 안에 꾸겨져 있었다. 아이는 온몸으로 '억울한 죽음'을 증언하고 있었다. 윗도리만 입고 아래는 발가벗겨져 있던 아이의 다리는 시커멓게 얼어 있었다. 하지만 얼굴은 알아볼 수 있을 정도의 상태였다. 추운 날씨에 부패 속도가 더뎠던 까닭이다.

○○ 아이의 몸뚱이는 흰색 유아용 이불에 싸여 파란색 비닐봉지에 담겼고, 이 비닐봉지는 다시 분홍색 줄무늬 수건에 감겨 흰색 이불포장 비닐봉지에 싸여 있었다. 그 봉지가 담겨져 있던 택배용 상자는 이미 누군가가 뜯어간 상태였다. 아이 머리에는 핏자국이 선명했다. 신고를 받고 현장에 출동했던 경찰들도 "아이 시체가 나왔다기에 누가 아이를 낳아서 버렸나 싶었는데 가보니 큰 아이의 시체여서 깜짝 놀랐다"고 말했다.

○○ 경찰 수사는 쉽지 않았다. 주변을 탐문 조사했지만 아이의 신원조차 파악되지 않았다. 사건을 맡은 광진경찰서 강력2팀은 설 연휴를 반납하고 수사에 매달렸다. 수건의 글씨, 이불포장 비닐의 상표까지 추적하며 화양동 일대를 탐문했다. 분홍색 줄무늬 수건에 적혀 있는 '단양군 보건소 한방육아교실'이란 글자를 쫓아 충청북도 단양으로 내려갔지만, "제작 불량으로 무작위로 나눠준 수건"이라는 사실만 확인한 뒤 허탈하게 발걸음을 돌렸다. 아이가 입고 있던 상의의 상표, 이불포장 비닐봉지의 상표는 모두 흔한 것이었다. 사건이 미궁에 빠지려는 순간 비닐봉지를 둘둘 감고 있던 황토색 박스테이프에서 어른의 엄지손가락 지문 하나가 발견됐다.

박스테이프의 지문이 가리키는 곳

○○ 지문의 주인은 스물아홉 살의 여성, 이아무개 씨였다. 이 씨는 당시 주소지를 신고하지 않아 주민등록이 말소된 상태였다. 사진을 들고 화양동 일대를 탐문한 결과, 경찰은 그가 이 동네에 살았으며 얼마 전 서둘러 이사를 갔다는 사실을 확인했다. 동네 슈퍼마켓 주인이 아이를 데리고 반찬거리를 사가던 이 씨를 기억해냈다. 탐문 수사가 이어졌다. 그는 그리 멀리 이사를 가지는 못했다. 경찰은 곧 그가 살고 있는 집을 발견했다.

○○ 아이가 발견된 지 열흘 만에 유력한 용의자인 이 씨의 집을 찾아 문을 두드렸다. 이 씨는 느릿느릿 문을 열었다. 몸집이 크고 말과 행동이 느린 그는 임신을 해서 배가 부른 상태였다. 집 안에는 서른두 살의 남편과 만 네 살짜리 아들, 생후 8개월밖에 안 된 아기가 있었다. 경찰은 이 씨와 남편에게 시체로 발견된 아이의 사진을 내보이며 아는 얼굴이냐고 물었다. 이 씨는 눈을 껌벅거렸다. 긍정도 부정도 하지 않았다. 확인 결과 아이는 이 씨의 둘째 아들, 만 세 살을 갓 지난 호진(가명)이였다.

○○ 경찰서로 연행된 부부는 따로 나뉘어 심문을 받았다. 처음에는 둘 다 혐의를 부인했다. 나중에 남편이 눈물을 흘리며 자신이 아이를 죽였음을 인정했다. 그때까지도 아내 이 씨는 혐의를 부인했다. 그는 경찰의 질문에 동문서답을 했고 느릿느릿 말을 했다. 경찰은 "이 씨는 덩치가 크고 외모가 조금 지저분했으며 말투가 어눌해 지능이 조금 떨어지는 것처럼 보였다"고 말했다. 심문이 길어지면서 결국 이 씨도 자신이 죽은 아이의 시체를 유기하는 데 동참했음을 인정했다.

○○ 호진이는 2010년 12월 16일에 살해된 것으로 밝혀졌다. 이날 새벽 3시

께 자다 깨어 울며 보채는 호진이를 아버지 김 씨가 손으로 마구 때렸다. 방이 두 개 딸린 반지하집에서 김 씨 부부는 호진이의 형과 동생만을 데리고 큰 방에서 잤다. 호진이는 홀로 작은 방에서 자야 했다. 부부는 경찰에서 "둘째가 유독 떼가 많고 잘 울어 따로 잤다"고 진술했다.

○○ 몸집이 큰 어른 앞에 세 살배기 어린아이는 무력했다. 손으로 때리고 바닥에 내팽개치고 발로 차기를 10여 차례. 잠시 뒤 아이의 숨이 멎었다. 부부는 아이의 주검에 이불을 덮어 방에서 8일간 방치하다가 냄새가 나자 이불과 비닐로 싸서 세탁기 위에 다시 열흘간 방치했다. 시체가 있는 집에서 부부는 아이 둘과 함께 일상생활을 이어나갔다.

○○ 주검을 쓰레기더미에 갖다버린 것은 아이가 죽은 지 18일이 지난 1월 3일 새벽이었다. 주검을 집 안에 방치하는 동안 네 살배기 호진이 형에게는 "작은 방에 절대 들어가지 말라"고 말했다. 주검을 내다버린 뒤 가족은 리어카에 짐을 대충 싣고 서둘러 이사를 했다.

무능력한 부모, 무기력한 아이들

○○ 부부는 2006년 컴퓨터 게임을 통해 만난 뒤 동거를 시작했다. 둘 다 많이 배우지 못했고, 일정한 직업이 없었으며 자신들을 보듬어줄 가족도 없었다. 미래에 대한 계획도 세울 힘도 없었다.

○○ 건설현장에서 일용직 일을 하는 남편은 겨울 들어 일이 없어 매일 집에 있었고, 넷째를 임신한 아내는 아이들을 어린이집에 맡겨둔 채 게임방에 가서 컴퓨터 게임을 하고 '아이템'을 팔아 돈을 벌었다. 남편은 고향인 대구에

서 홀로 서울에 올라와 이 씨와 동거를 하며 노동판을 전전했다. 어딘가 어리숙하고 무기력한 이 씨는 육아를 도와줄 가족 하나 없는 상태에서 아이가 생기는 대로 낳기만 했다. 둘째 아이가 죽었을 때도 슬픔보다 무엇을 어찌해야 할지 모르겠다는 느낌이 더 강했다.

○○ 2007년 첫아이를 낳은 뒤, 이 씨가 가출을 했다. 가출 두 달 만에 집에 돌아온 이 씨는 임신상태였다. 어디에서 무엇을 하다 왔는지 알 수 없었다. 가출로 인한 갈등이 얼마나 심했을지는 알 수 없으나, 두 사람은 이후에도 동거를 지속했다. 아내를 다시 받아들인 남편은 그러나 둘째 아이의 핏줄에 대한 의심을 거두지 못했다. 둘째를 낳은 뒤 이 씨가 또 셋째 아이를 임신해 낳았지만, 남편은 둘째 호진이가 다른 남자의 자식일지 모른다는 생각에 휩싸였다.

○○ 남편의 의심은 아이에 대한 학대로 표출됐다. 아내가 셋째를 낳고 넷째를 임신하도록 남편은 둘째 호진이를 지속적으로 구박하고 때렸다. 조금만 보채도 아이에게 주먹을 휘둘렀다. 아내는 그런 남편을 말리지 못했다. 부부는 살고 있는 동네에 주민등록도 해놓지 않은 상태에서 가난한 삶을 이어갔다. 계속되는 임신, 신통치 않은 돈벌이 속에 하루하루 허덕이며 살아갈 뿐이었다.

○○ 수없는 부모의 냉대와 학대로 홀로 잠들어야 했을 호진이가 밤마다 느꼈을 고통이 얼마나 컸을지는 가늠하기조차 어렵다. 호진이의 형이 동생이 사라진 사실을 알고 나서 느꼈을 공포가 어느 정도였을지도 상상하기 힘들다. 자식의 시체를 비닐로 둘둘 말고 있는 엄마의 배 속에서 태아가 어떤 불안감을 느꼈을지도 알 수 없다. 학대와 방치에 익숙한 부모 아래에서 아이들은 한없이 무기력했다.

○○경찰은 아버지 김 씨를 살인과 시체유기 등의 혐의로 구속했지만, 남은 두 아이의 양육과 출산을 위해 어머니 이 씨는 불구속 입건했다. 자기 아이의 시체를 쓰레기장에 버린 어미지만, 다른 두 아이와 배 속 아이의 운명을 이 씨에게 맡길 수밖에 없는 것이 우리나라의 실정이다. "그래도 자식은 어미가 키우는 것이 낫다"는 식의 논리다. 이 씨는 아이들을 데리고 시댁이 있는 대구로 갔다. 서울에는 몸과 마음을 의탁할 곳 하나 없기 때문이었다. 그 뒤로 경찰은 이 씨의 소식을 듣지 못했다.

쓸쓸하게 방치된 주검

○○범인이 잡힌 뒤 이 사건은 세상을 한바탕 떠들썩하게 했다. 사람들은 호진이의 죽음을 슬퍼했고 아이를 죽인 부모에 경악했다. 그리고 또 사건은 잊혀져갔다. ㅎ병원 영안실 냉동고에 보관된 아이의 시체는 그 누구도 찾아가지 않았다. 병원에서 이 씨에게 "아들의 주검을 찾아가라"고 여러 번 연락했지만, 이 씨는 나타나지 않았다. 호진이는 살해된 지 세 달, 발견된 지 두 달이 넘도록 여전히 꽁꽁 언 채 이승을 떠돌고 있었다.

○○이 사건에 끝까지 관심을 가진 이는 홍영화 광진경찰서장이었다. 사건처리 한 달이 됐을 즈음, 홍 서장은 형사과장에게 "호진이의 시신이 어떻게 처리됐는지 확인해달라"고 지시했다. 호진이는 여전히 냉동고에 있었다. 보관료조차 받지 못한 채 시체 보관이 길어지자 병원도 난감해하고 있는 상태였다. 장성원 광진경찰서 형사과장은 "얼마 전 이 씨가 시댁에 아이들을 맡긴 뒤 장례비 지원금을 들고 집을 나갔다고 들었다"고 파악해 보고했다.

○○확인 결과 이 씨가 집을 나가지는 않았지만 호진이와 관련해 아무런 조치를 취하지 않고 있는 것은 사실이었다. 대구의 시댁도 찢어지게 가난한 살림이었다. 그 누구도 휴대전화를 갖고 있지 않았고, 이 씨의 넷째 출산일은 다가오고 있었다. 경찰이나 병원에서 전화를 해도 이 씨에게 닿지 않았다. 구치소에 있는 아빠에게 책임을 물을 수도 없는 일이었다.

○○결국 호진이의 시신은 3월 8일이 되어서야 뜨거운 불구덩이 속에서 화장됐다. 화양동 쓰레기장에서 꽁꽁 얼어 발견된 지 40여 일, 살해된 지 3개월 만이었다. 화장을 하고 조촐한 장례식을 치르는 자리에는 호진이의 아빠는 물론 엄마도 참석하지 않았다. 경찰의 부탁을 받아 장례식 준비에 나선 서울동부 범죄피해자지원센터가 설득해서 호진이의 할머니가 잠시 참석했을 뿐이다. 병원에 내야 할 시체 보관료와 장례비가 부담스러워 서울에 오지 않으려는 할머니를 센터와 병원 쪽이 "비용은 다 지불했으니 와서 서류에 서명만 해달라"고 설득했다. 화장터에 온 할머니는 한줌 재로 변해가는 손자를 바라보며, 비로소 길게 울었다.

한국의 열악한 범죄피해자 지원

○○한 달에도 몇 번씩 화장실에서 홀로 아이를 낳은 엄마의 사연이나 쓰레기통, 지하철 보관함 등에 버려진 아기에 대한 뉴스가 나온다. 가진 것도, 도와줄 사람도 없는 여성들이 아이를 낳아 아이가 죽음에 이를 때까지 방치하는 것이다. 그런데 비정한 것이 그 여성뿐일까?

○○부모에게 살해된 호진이의 주검이 그토록 오랜 시간 냉동고에 방치됐던

이유는 무엇일까. 그 배경에는 가정 내의 문제라면 그 해결을 '가족'에게 떠맡기는 한국 사회의 관행이 자리한다. 아이가 범죄피해자인데도 가해자인 부모와 나머지 자녀를 분리하지 않고 장례절차조차 부모에게 맡기는 등 한국의 범죄피해자 지원 시스템은 빈약하기만 하다.

○○2005년 '범죄피해자 보호법'이 제정됐지만, 지난 2009년 한 해 동안 범죄피해자 구조금을 지급받은 경우는 200여 건에 불과하다. 현재 전국에 있는 범죄피해자지원센터의 경우 검찰청 건물 안에 위치해 피해자들의 접근조차 어려운 상태다. 2011년에야 민간단체인 한국피해자지원협회가 발족했지만 아직까지 수사 기관과 피해자, 지원 단체 사이의 소통조차 어려운 상태다. 연쇄살인범에게 일가족을 잃은 한 남성이 "경찰서에 가서 진술을 하고 집에 돌아와 가족의 피를 홀로 닦았다"며 절규하는 모습을 본 적이 있다. 범죄피해자가 현장의 피까지 닦아야 하는 것이 우리나라의 현실이다.

○○범죄피해자 지원 시스템이 열악한 상태에서, 개입하기 애매한 '가족 내 사건'은 더욱 외면당한다. 아빠가 아이를 죽였고 엄마가 시체를 유기했는데도, 우리나라는 남은 아이들을 엄마에게 맡겨버린 뒤 잊는다. 남아 있는 부모가 양육에 적합한지 알아보려는 노력은 없다. 친족 간에 일어난 사건에 대해 직계비속을 어떻게 관리할 것인가에 대한 대안이 없기 때문에, 뻔히 이 씨가 자녀 양육에 적합하지 않다는 것을 알면서도 법원은 눈을 감아버린다.

○○호진이의 장례 소식에 관한 기사를 내보낸 뒤 호진이 아버지의 변호를 맡은 국선 변호인과 통화를 했다. 변호사는 내게 "남은 아이들을 생각해 아버지가 받게 될 형량을 최대한 줄여보려고 노력 중인데 기사가 나가 여론이 악화될까 걱정"이라고 말했다. 이제 겨우 30대 초반인 호진이 아빠, 20대 후

반인 호진이 엄마, 그리고 만 세 살밖에 되지 않았던 호진이. 사건을 떠올릴 때마다 화양동 쓰레기장에 불어오던 매섭고 무섭고 외로운 겨울바람이 생각나 어깨가 움츠러든다.

/비와 당신, 그리고 앞으로 만날 당신에게/

당신을 만나러 가는 날, 비가 왔습니다. 당신이 다니던 학교에 갔지요. 등록금이 비싼 사립대를 다니다가 경제적 부담에 1년 만에 그만두고, 다시 수능을 쳐서 입학했다는 서울시립대에는 방학이라 학생들이 많지 않았습니다. 당신이 지나다녔을 캠퍼스, 수업을 들었을 강의실을 천천히 돌아보며 당신을 떠올렸습니다. 스물넷, 너무 젊은 나이에 죽은 당신을 말입니다.

당신은 수업만 듣고 곧바로 집에 가는 학생이었다지요. 밥은 학생식당에서 2,500원짜리만 먹었다고 과 동기들이 전했습니다. 동아리도 가입하지 않고, 모꼬지도 가지 않았다고요. 누군가 당신에게 꿈을 묻자 "엄마와 편히 사는 것"이라 했다는 당신, 삶이 외롭진 않았나요. 이마트 기계실에서 질식하는 순간에 무엇을 떠올렸나요.

빈소에 가니 당신을 무척 닮은 여동생이 한쪽 구석에 앉아 있었습니다. 여동생은 많이 울면서도 끈질기게 당신에 대해 이야기했습니다. 부모의 사업 실패 후

중학교도 제대로 다니지 못한 상태에서, 오빠는 늘 동생의 공부까지 챙겼습니다. 동생의 눈물에 가슴이 너무 아파 명함을 건네며 힘든 일이 있을 때 연락하라 했습니다. 하지만 저는 모르겠습니다. 당신의 동생이 당신처럼 죽도록 공부해서 대학에 들어가야 하는지, 비싼 등록금에 학자금 대출을 받고 위험한 아르바이트까지 하면서 마이너스 인생을 살아가도록 권해야 하는지 말입니다. 보증금 1000만 원짜리 월세 반지하방에 이제 오빠도 없이 어떻게 살아가야 하는지를 묻는 눈동자 앞에서, 저는 답을 찾지 못했습니다.

섭씨 1,600도 쇳물에 빠져 죽은 당신을 만나러 간 날에도 비가 왔지요. 가을비가 어찌나 차갑던지 사고 현장, 거대한 용광로 옆에 서서 몸을 떨었습니다. 그렇게 크고 뜨거운 용광로 위에서, 당신은 쇠막대기 하나를 들고 허리 높이에 허술하게 걸린 쇠사슬 안전대를 한 발 넘어 청소작업을 했다지요. 상상도 할 수 없을 정도로 후끈한 열기에, 당신은 정신을 잃고 쇳물로 떨어졌습니다. 야간작업 중에 벌어진 일, 사고가 나지 않는 것이 이상한 환경이지요. 모두가 잠을 자는 밤, 당신은 눈을 비벼가며 뜨거운 용광로 위에서 안전장비도 없이 아슬아슬하게 작업을 해야 했으니까요.

용광로 앞에서 당신의 영정사진을 놓고, 당신의 타다 만 다리뼈와 두개골을 건져놓고, 부모님은 오열하셨습니다. 회사 사람 한 분이 당신이 이듬해에 결혼을 하려 했다더군요. 당신의 죽음이 너무나 어처구니없어서 화가 났습니다. 그런데 더 화가 나는 것은 용광로 쇳물에 빠지는 사고가 이후에도 계속 발생하고 있다는 사실입니다. 당신같이 젊고 건강한 노동자들이 쇳물에 빠져 죽는 나라, 엄청난 흑자를 내면서도 안전시설을 갖추는 데는 인색한 기업. 그런 세상을 살다 간 당신을 위로할 말을 찾지 못해, 저는 그저 장례식장 밖 차가운 빗속에 서 있었습니다.

집창촌에서는 비를 맞으며 공포에 질렸습니다. 비가 오는 대낮에도 집창촌에는 빨간 불이 들어와 있더군요. 스치고 지나가는 남자들은 저를 위아래로 훑어보았습니다. 당신이 일하다 죽은 가게에는 폴리스라인이 쳐져 있었습니다. 우산을 들고 폴리스라인 너머, 속칭 '유리방'을 들여다봤습니다. 당신은 그 안에서 호객 행위를 하고 손님을 맞다 무참히 살해됐지요. 짐승 같은 범인과 단 둘이 한 방에 들어가 얼마나 끔찍한 시간을 보냈을까요. 손님에게 칼을 맞고도 그 누구에게도 도움을 청하지 못했습니다. 집창촌 거리는 아무도 관심을 기울이지 않으니까요.

간신히 집창촌을 떠났던 당신은 엄마 병원비 때문에 다시 돌아왔다 했던가요. 돈에 쪼들렸던 당신은 포주에게 떼이는 돈이 적은 낮영업을 선택했다지요. 당신이 죽은 자리에서 동료들은 다시 영업을 합니다. 집창촌 여성을 돕는 계획에는 인색한 세상이 집창촌 지대를 개발하는 계획에는 재빠릅니다. 돈이 되니까요. 당신이 가고, 그곳은 더욱 싸늘해졌습니다.

당신들을 만나면서 괴로웠습니다. 나와 같이 젊은 얼굴을 한 당신들에게 어떤 위로의 말도 감히 건넬 수 없었기 때문입니다. 주어진 환경에서 어떻게든 살아 보려 노력했던 아름답고 건강했던 청춘들이 왜 살인자가 되고 산재 노동자가 되고 자살자가 됐을까요? 덮어놓고 힘내라고 말하기엔 당신의 삶이 너무나 억울하고, 이 세상은 너무 뻔뻔하지 않습니까.

그래서 저는 그저 당신들의 이야기를 기억하고 공유하려 합니다. 제 기록이 당신의 삶에 더 가까이 가닿지 못해 안타까울 뿐입니다. 당신이 살아온 이야기를 듣고, 이제라도 세상이 조금씩 변했으면 좋겠습니다. 그동안 세상이 청춘에게 너무했다는 사실을 깨달았으면 합니다.

젊은 당신이여, 나는 앞으로도 취재 현장에서 당신과 마주칠 것입니다. 그럴 때마다 저는 당신의 눈을 더 깊이 들여다보고, 당신의 삶에 더 가까이 다가갈 것입니다. 기자라는 이름으로, 앞으로도 '나의 세대'의 고민을 기록하는 데 게으르지 않겠습니다. 그런 마음으로, 아직은 빗속에 서서 이렇게 초라한 편지를 당신에게 띄웁니다.

2012년 가을,

임지선 드림

현시창

1판 1쇄 펴냄 2012년 10월 22일
1판 7쇄 펴냄 2022년 7월 8일

지은이 임지선
그린이 이부록
펴낸이 안지미

펴낸곳 (주)알마
출판등록 2006년 6월 22일 제2013-000266호
주소 04056 서울시 마포구 신촌로4길 5-13, 3층
전화 02.324.3800 판매 02.324.7863 편집
전송 02.324.1144

전자우편 alma@almabook.com
페이스북 /almabooks
트위터 @alma_books
인스타그램 @alma_books

ISBN 978-89-94963-52-5 03300

이 책에 인용한 시 〈그 쉿물 쓰지 마라〉는 저작권자를 찾지 못했습니다.
연락주시면 저작권에 필요한 절차를 밟도록 하겠습니다.

알마는 아이쿱생협과 더불어 협동조합의 가치를 실천하는 출판사입니다.